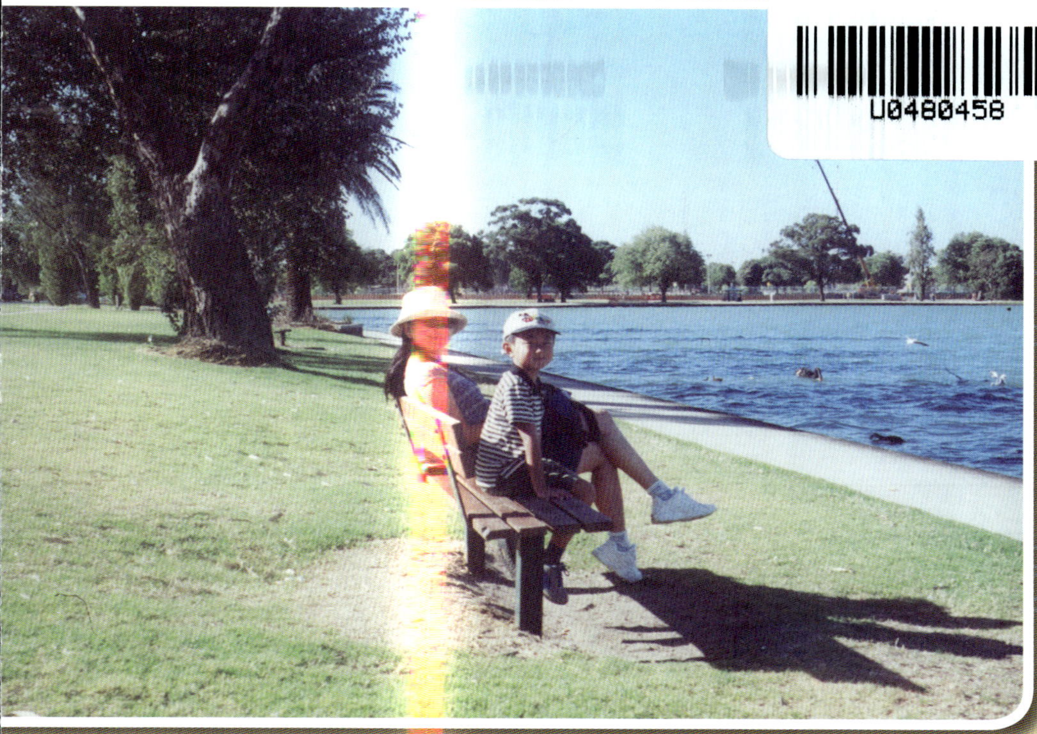

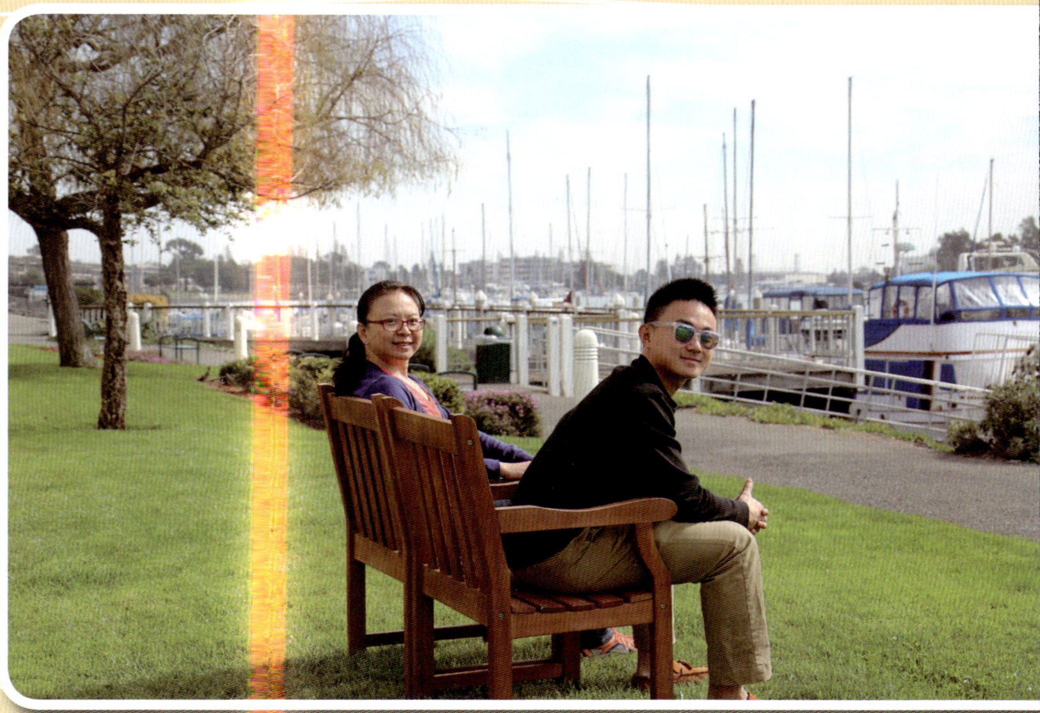

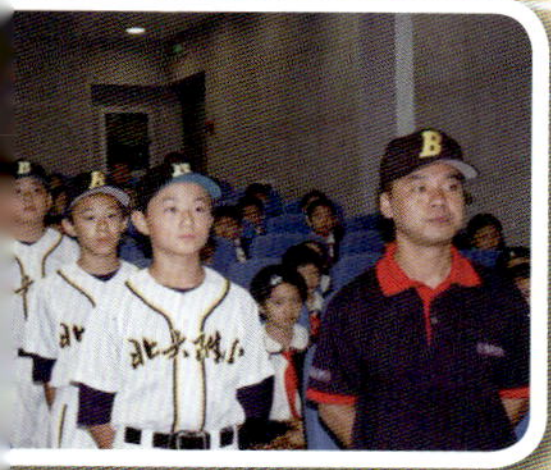
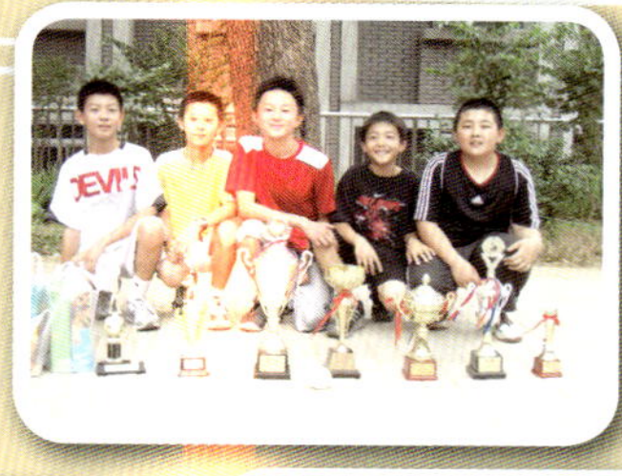
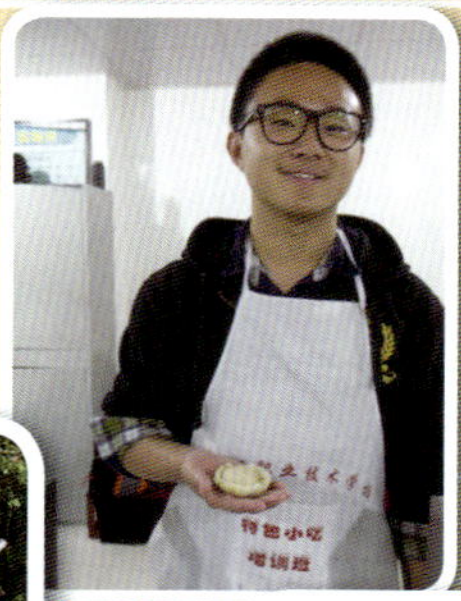
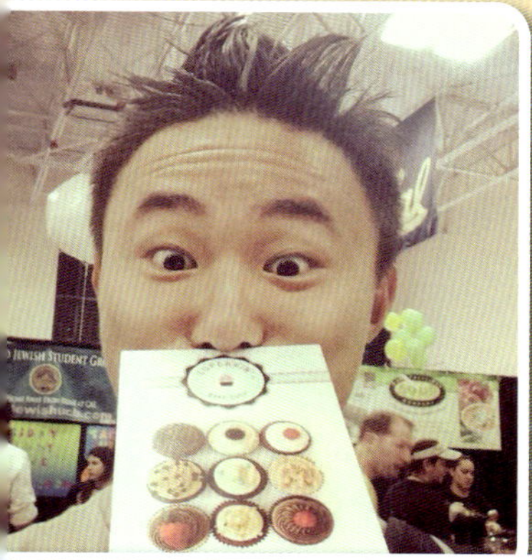
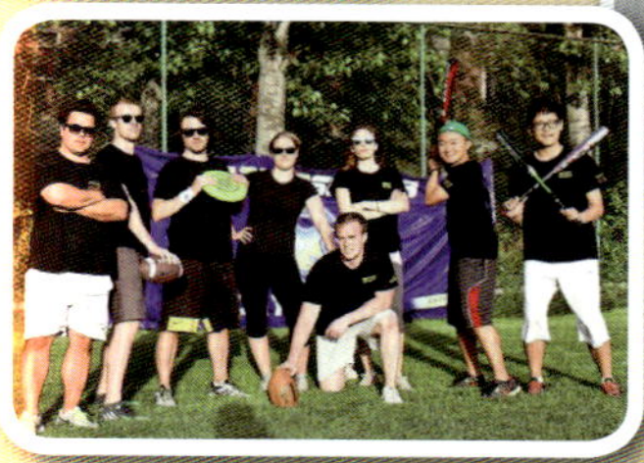
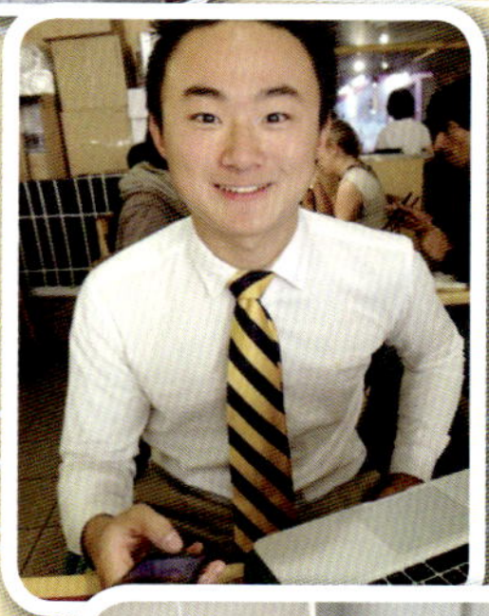
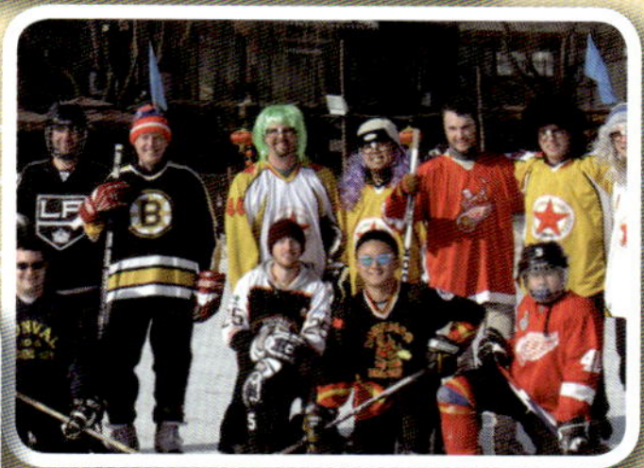
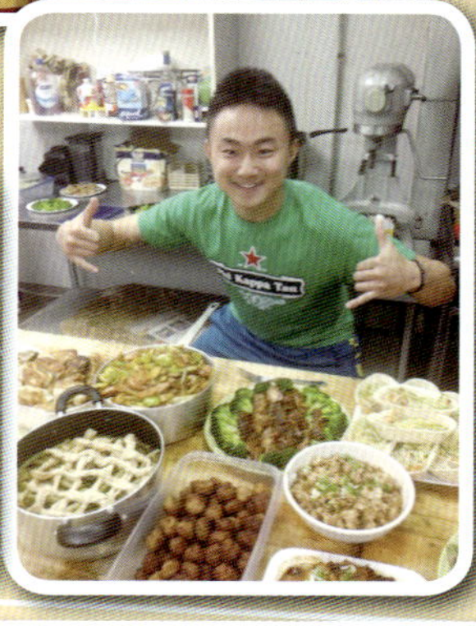
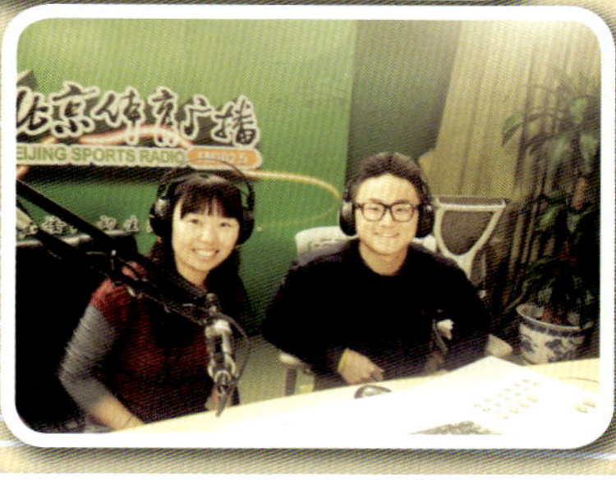
北京体育广播
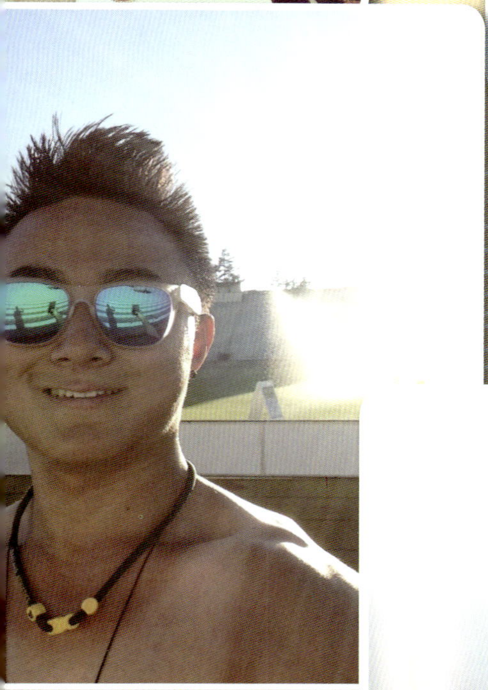
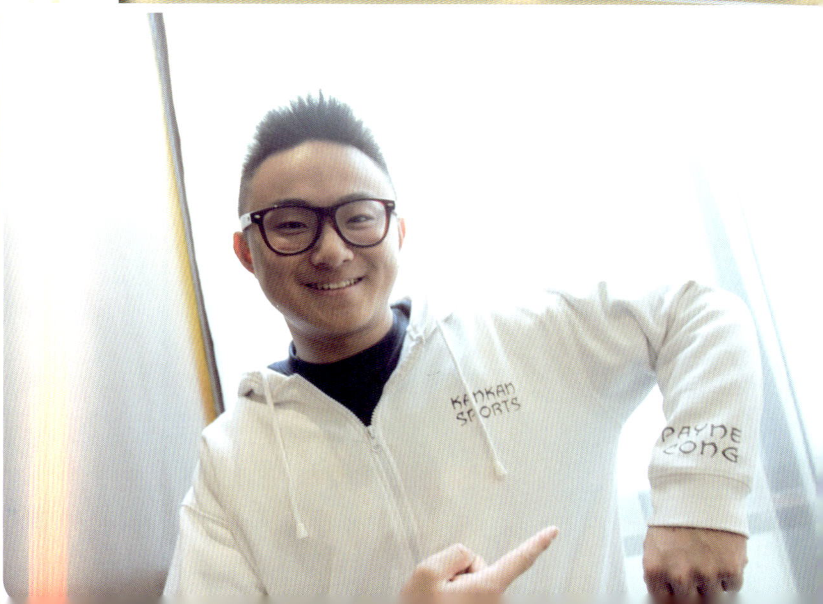
KANKAN SPORTS
PAYNE

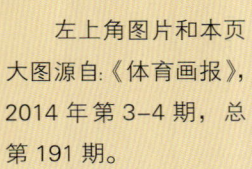

左上角图片和本页大图源自:《体育画报》,2014 年第 3-4 期,总第 191 期。

记者:尤添麟

摄影:郝文辉

朱丹／著

侃侃儿谈

巧规划，放养进名校

中国广播电视出版社

图书在版编目（CIP）数据

侃侃儿谈：巧规划，放养进名校／朱丹著． -- 北京：中国广播电视出版社，2014.5
　ISBN 978-7-5043-7137-9

Ⅰ．①侃… Ⅱ．①朱… Ⅲ．①教育-经验 Ⅳ．①G4

中国版本图书馆CIP数据核字（2014）第061392号

侃侃儿谈——巧规划，放养进名校
朱丹　著

策　　划	丛沛恩　朱彤　刘媛
责任编辑	黄月蛟
封面设计	嘉信一丁
	北京清大卓筑文化传播有限公司
出版发行	中国广播电视出版社
电　　话	010-86093580　010-86093583
社　　址	北京市西城区真武庙二条9号
邮　　编	100045
网　　址	www.crtp.com.cn
电子信箱	crtp8@sina.com
经　　销	全国各地新华书店
印　　刷	北京振兴源印务有限公司
开　　本	710毫米×1000毫米　1/16
字　　数	120（千）字
印　　张	12
彩　　插	4面
版　　次	2014年5月第1版　2014年5月第1次印刷
书　　号	ISBN 978-7-5043-7137-9
定　　价	39.00元

（版权所有　翻印必究·印装有误　负责调换）

目　录

我是丛沛恩(丛沛恩)　　　　　　　1
P 这孩子我是听着长大的(曹苗)　4
母子如是(于嘉)　　　　　　　　8

不要"听话"的孩子　　　　　　　1
在公共场合说"不"　　　　　　　2
满足需要和坚持规矩　　　　　　3
学前锻炼专注力　　　　　　　　4
学前训练记忆力　　　　　　　　4
自由思维和创造力　　　　　　　5
怎么夸奖孩子　　　　　　　　　7
分享不是让出去　　　　　　　　8
身体第一　　　　　　　　　　　9
学习成绩不是唯一指标　　　　12
玩就是任务　　　　　　　　　13
让大自然激发好奇心　　　　　14
从承担小的责任开始　　　　　15
学习是自己的事　　　　　　　16
把自己孩子当"别人"　　　　　17
给孩子失败的权利　　　　　　20
尝试 Just try it　　　　　　　21
换房不换家　　　　　　　　　24

序

【家庭教育篇】
家长是孩子的规划师

— I —

敢想敢做	25
为别人做点事儿	26
给老妈打工	27
没有"不务正业"的爱好	32
领导力——影响他人的能力	33
驾驭情绪——父母和孩子都要"好好说话"	35
体魄和精神的磨炼	39
侃侃 Sports	40
LOGO 的设计	41
推广和招生	42
通过篮球,爱上艾佛森	43
关照他人和团队精神	43
社交平台	44
聪明地打球——Play Smart	44
棒球队的各种集训	45
关照小队友	47
去日本打棒球	47
曾经的队长(陶建利)	50
冰球菜鸟入门	53
美国教练开小灶	56
客厅里也能练冰球	58
坚定不移的后卫	59
把握传球通道	60
冰球故事多,渥太华 Bell Capital Cup	61
在新加坡被罚下场	63
凶残的香港台风队	65
好球员,拿什么杆都能进球	66
进入成人队	67
冰球社交圈	68
冰球社团始于"分享"	69
招新成功后的烦恼	70

【体育教育篇】
每个孩子的必修课

冰球社团小露锋芒	71
对商业体育模式的最初探讨	72
大胆筹建冰场	74
西方体育和文化如何影响中国孩子(马克)	76
上过三个幼儿园	79
小学自己选	81
小升初,临阵磨枪	82
为了打棒球,选择101中学	85
一个学校,两张门票	86
环校而居	87
英语老师有请	88
中考,一分儿也没浪费	89
传统高中还是国际高中	90
第一次试水去牛津	90
斯坦福的两个暑期课程	92
初三暑假与"魔兽"有约	95
两条路,齐头并进	95
人才济济的101中学	96
忙碌的高一	97
"老师政治学"	98
自发考托福	100
练就"有质量"的口语	102
高一去UPenn读学分课程	103
沛恩小记(许航)	107
SAT这只"老虎"	111
申请大学,跟分数较劲	115
如何选校	116
文书素材	120
打磨简历	122
选择推荐人	123
智斗EA/ED学校	126

【学校教育篇】
选对学校　事半功倍

	文书写作——"照镜子"	127
	越申越 High	131
	早申结果和再次选校	131
	黑白黄面试	132
	尘埃落定之后	135
	应试教育可以休矣(何川)	138

	追京剧《白蛇传》	140
	跟父母一起旅行	142
	街舞是个体力活	143
	生命里的吉他	144
【人文教育篇】	到底爱不爱生物	145
不文艺 枉少年	为赢球赛学编程	147
	奥林匹克头脑大赛	147
	训练精确叫牌法	148
	学油画	148
	混进小吃培训班	149
	写春联,剪窗花	150

	因为信任,所以放手(梁旭鹏)	152
后记	亲爱的沛恩(孙小秣)	156
	未雨绸缪,长期规划 润物无声,水到渠成	166

序
我是丛沛恩

在这本你即将阅读的书里，我老妈管我叫P；在伯克利，我的教授和同学管我叫PC。《侃侃儿谈》这个书名，取自"侃侃Sports"，这是我在高三那年创办的运动组织。我小时候，我的父母对我实行开放政策，没有强迫我去学习任何一项技能，而是帮助我发展了自己的兴趣，把对我的人格培养放在了最重要的位置上。相信很多家长可能会觉得这个逻辑很匪夷所思，而我的故事证明了：要趁孩子还小的时候尽量地释放天性。我爸妈都是很善于学习的人，他们那么投入地去学习如何做好父母，是我的幸运。在他们的羽翼下我恣意地成长，他们让我把天性发挥到了极致。

我没觉着老妈给我做过什么规划。于我，一切都是那么自然而然地发生着，我很享受这种自然，现在看来，无招胜有招，的确是武林的最高境界。

创建"侃侃Sports"是在2012年的12月份。当时正值大学申请的最后时刻，大家都在忙着写essay和考试，我却在一步一个脚印地"分神"去做自己喜欢的事儿。每件事都有它的起因，我还很清楚地记得"侃侃"是怎样诞生在一班从香港飞回北京的飞机上的：

侃侃儿谈

  2012年的12月是神奇的一个月，我参加了人生中最后一次SAT考试（现在想想如果前几次考得太好，可能也就没有"侃侃"了）。同时也正式步入了18+的行列。因为我本身对商业就有浓厚的兴趣，而且我总觉得应该给18岁的自己留下一些有意义的东西，再加上我这人本身就闲不下来，必须给考完SAT的自己找点麻烦。于是，我就利用从香港飞回北京空中这短短三个小时，在一张SAT复习材料的纸上头脑风暴了数个创业想法，其中就包含了"侃侃"。其实当时我最想做的是把美国一个叫Task Rabbit的网站改良并移植到中国，其基本思路是：人们可以通过自己的特长互相帮忙去赚钱。这里我想说一下，很多人可能会唾弃说这完全就是抄袭嘛，没有什么创业价值。对于这个问题我首先想说，这种想法的借鉴和移植不是想象中那么简单的，不同的国家和市场，文化和政策有很大的不同，简单地照抄过来绝对是会一败涂地的。美国和中国国情的不同也是这个想法最后没能成功实现的主要原因之一。其次，我认为年轻人创业的劣势是没有金钱和社会关系，所以我们一定要通过好的想法去以低成本"借力"，一步一个脚印地向前走，除非你托父母的福不用工作都能吃喝玩乐一辈子。回归主题！于是乎，在和数个风投切磋过后，我意识到了这个网站的想法有很多致命的漏洞，同时也需要巨大的资金投入，所以我就果断地浪子回头回到了"侃侃"，这个我非常有信心，对这个想法的思路也非常得清晰。

  "侃侃Sports"主要是开展在纯英语环境下，由外国教练实现的美式体育项目。目前的受众群体是北京的初高中学生。我们希望能寓教于乐，让更多的中国学生接触到纯正的西方体育教育，在运动中锻炼英语能力，在学习英语的同时强健体魄，并且掌握几项美式运动。我们希望能让大家体会到真正的运动的快乐！特别是致力于出国读书的同学，掌

序　我是丛沛恩

握几项西方主流体育项目，将极大地帮助他们在国外快速融入当地人群中，通过运动结交到志同道合的朋友。

"侃侃"让我收获的东西很多，其中包括所有事情都要自己盘算清楚，对于我来说，每个细节都是至关重要的，很多时候做一个文件要做到凌晨三四点，同时还要和各种各样的人去打交道，包括学校领导、场地的负责人、赞助商、家长、同学，等等，这让我初次体会到了什么是"社会"。

在做"侃侃"的过程中有太多的朋友都在尽心尽力地帮助我，没有他们的帮助我相信侃侃是绝对不会走到今天这一步的。同时我感到非常幸运的是，通过"侃侃"我有机会交到了一帮要好的朋友，这也越来越让我感到：朋友其实是人一生中最宝贵的财富。在此特别对所有帮助过我的朋友们表示感谢！

序
P 这孩子我是听着长大的

欣闻丹丹和 P 要出书了。我第一时间的反应是，自古英雄出少年，可怜天下父母心。

在 P 出生不久，我就飘洋过海了。每次回国探亲，最过瘾的除了与家人团聚外，就是和老友丹丹吃喝玩乐、说私房话，顺带脚讲讲 P 小毛孩儿的趣事。渐渐地，随着丹丹生意的兴隆，她讲起商场故事来神采奕奕，而孩子的主题也丝毫不能损失，欲罢不能，于是我们聊得时间也越来越长。从给 P 选小学，到尝试让他打冰球，从对朋友的仗义，到对小女友的一往情深。贪玩爱漫画的他不仅在班里具有公认的好人缘，而且居然也赢得了老师们不亚于对优等生那样的青睐宠爱，连当妈的丹丹讲起来都惊讶中透着骄傲，得意里渗着不解。

由于在个性张扬的美国待久了，我倒对 P 这样的孩子觉得蛮熟悉的。不仅是因为 P 更像外国孩子的行为举止，充满自由自在的奇思怪想，更因为他的父母对他的宽容、放手甚至纵容，使他得以把他的个性发扬光大，而不是被早早扼制，甚至扭曲。有时即使不认同他的肆意妄为，他们也从不简单制止或说教了事，以至于有时会睁着眼，甚至有幸灾乐祸之嫌地看着孩子闯祸，让孩子自己尝到苦头，再趁热打铁地晓之

序　P这孩子我是听着长大的

以理。而不会像国内大多数家长那样，事先拦着、护着，尽量让孩子不犯错、不摔跤。当然，这其实并非易事。丹丹本人是那种一向严于律己，品学兼优的典范，而偏偏摊上这样一个让她又爱又愁又搞不明白的小家伙，到底是严加管教，把他管束成自己这样的；还是依其天性，培养他的独特个性，她时时陷入矛盾，连我都能感受到她在其中的挣扎与纠结。出于母爱，更出于对P个性的尊重，她在培养P的同时，也在不断地进修学习，挑战自己，突破自我。可以说，她也是跟P一起成长的。

渐渐地，一方面越来越懂事的P让妈妈越来越省心；而另一方面，主意越来越大的他，也让妈妈越来越操心。我们再聊起天来，已经把工作、老公抛在一边儿，一心一意就只聊孩子了。刚经历了小升初的考验，就开始聊他的发展，像大多希望孩子赴海外求学的家长那样，讨论过P出去的最佳时机（中学还是大学）、最佳地点（欧洲、澳洲还是美洲），甚至学习的方向，而P对此似乎并不在意。直到他后来出国去夏令营，去游学，见识到更大、更广阔的天地时，孩子才自发地开始专注于许多以前充耳不闻的事来。他开始自觉地起早贪黑地背英语单词，自己报名去考托福，甚至自己去学西班牙语，其初衷不过是为了和在国外交到的朋友通信、打游戏和再会面。

一流的国内基础教育，加之体育运动、海外经历，固然促进了P的成长；家庭的影响、父母的言传身教和忘我专注的培养，也帮助P发展成独具特色的人才。我就职的光辉国际公司，不仅在高管人才招募方面处于国际领先地位，而且在高端人才培养及领导力咨询方面也独占鳌头。基于常年与各行各业高端人才亲密接触的经验，公司曾把衡量一个人是否具备成才的潜力归纳为这样一个公式：潜力 =（原材料 + 锻炼素质能力的经历）×学习敏锐度。简而言之，智力、性格特质是每个孩子的"原材料"；因材施教，各种形式的雕琢、磨砺是"经历"；而在多变的环境中，面对各种陌生或突发情况，边从以往的经验及当前的摸索中学习，边从容应对，而且能有效处理、解决问题的能力就是给前两者做催化剂的"学习敏锐度"。这一催化剂也是领导型、开创型人才不可或缺的重要素质。我以为，P的优秀，不在于他是传统意义上的优等生，而在于他表现出的"学习敏锐度"。在心智上，在人际关系上，在变革中，在成果中，以及在他对自我的认识上。由于这一催化剂的作用，他充分借助各种"经历"，将自己的"原材料"淋漓尽致地发挥、发展。作为孩子，他似乎介于有意无意之间，只是顺其自然地长大，而在这条路上的每一步，无不映射着各个关爱他的老师、长辈，还有同龄人的影响。

我们常讲，21世纪最缺的是人才。以往那种老燕喂食样的灌输型教育，无论在知识的传播，还是在能力素质的培养上，显然都无法满足当今日趋国际化、信息化的社会变迁，下一代不可避免地会叛逆、会尝试、会经历前辈闻所未闻的境遇。如何与时俱进地将孩子培养成人，是所有富有责任心的父母所面临的巨大挑战。父母能够直接左右的，是先天的"原材料"和后天的"经历"，而是否具备关键的"学习敏锐度"，就要看这些因素的综合作用了。如果能够像丹丹及家人这样注意提高自身的"学习敏锐度"，对孩子的潜移默化无疑会胜过让其孤军奋战。P的成长，偶然中蕴含着必然，既独一无二，又大有借鉴之处，我想，这就是P母子想跟大家分享这些故事的一部分缘由吧。

我还清晰地记得他来美参加斯坦福夏令营时的情景。当时他才初二，而我也有一两年没见过他了。在机场，当我正四处找这个古灵精怪

序　P这孩子我是听着长大的

的小机灵鬼儿时，眼前却突兀地出现了个已戴上黑边眼镜，比我高出一头，哈利波特似的大小伙子。不过，他貌似稳重成熟的外表，依然掩饰不住他那属于14岁孩子的活泼、顽皮又充满好奇的童心。他很健谈，却并不聒噪啰嗦，清楚自己的喜好，懂得取舍，行事有礼有度，即使初次见面的人，也会不知不觉地被这个小人儿吸引，喜欢上他。后来聊多了，发现他果然很讨老师同学的喜爱，而且已习惯自己独立出门去闯荡见识，结交新朋友。他兴致勃勃地给我讲了不少他在国内外经历的奇闻趣事。在他看来，这仿佛都是很自然、很有趣的经历。想起他启程前，丹丹在电话中一百个不放心的千叮万嘱，我不禁莞尔。孩子，无论多大，总是比爱他疼他的父母认为得更强大、更独立。在我看来，他的言谈举止的确不乏与之外貌相匹配的、超越同龄人的成熟与自立。等到了斯坦福报到，他又自来熟地和负责接待的老老小小的老外寒暄。尽管英语说得还不溜儿，可那副应对自如的神气蛮让人放心，仿佛这就是他的地盘。后来，他曾得意地给我讲起他去后跟同学打篮球时，发现自己的英语不仅能让美国人明白，而且数学题还比他们做得棒。再听到他的消息时，他已平安回家了。

曹苗

*曹苗：毕业于美国斯坦福商学院，后直赴华尔街，先后在花旗、摩根大通、麦肯锡工作，在管理咨询领域拥有近15年从业经验，是资深人力资源顾问。

序
母子如是

我很负责任地说：我是写过教育类书籍地！而且还就是跟体育相关地！

但这并不代表我应该或有资格为这本书写序，符合这样条件的我的同行、前辈和晚辈都很多，和他们相比，我自惭形秽。之所以写下后面的这些字，主要有两个原因：一是因为书的主人公，那个男孩子；二是因为那个男孩子他妈。

先从孩子妈说起，不得不提我的母校——北京二中，在那里，按照传统观念我算个差生，理科差生。和学习成绩优异且同出北京二中的哥哥和姐姐相比，我差得几乎可以让我自行了断了。我哥哥是个在哪里都很优秀的学生，而且开朗活泼，自然会有很多班里的好朋友，书里的孩子妈——我的师姐朱丹——就是我哥的好朋友之一，其名字"很有名"，而且在我看来，这位孩子妈比她同名同姓的那位我的同行要优秀很多。

之所以这样说是因为素昧平生，她就托我哥找我，为的是帮助她的儿子。我刚一听说还以为又是"拯救失足少年"或者"充当知心大叔"的桥段，虽然不是什么都教授或者窝心的"金叹欧巴"，但这样的事情

序　母子如是

我在篮球场边做得多了，也有一定心得。可实际上这本书的主人公丛沛恩来到我面前，我才明白，他没什么可让人担心的，我需要做的是，解释他在自己热爱的冰球和体育推广中碰到的诸多问题。

你没有看错，尽管他见我第一面的时候还是个中学生，但是他问我的问题全部都是关于中国如何推广发展校园体育和社区体育的。说实话，幸亏我有所准备，否则很有可能让这个热爱冰球并最终加盟 NCAA 大学冰球队的男孩失望。

丛沛恩恐怕不属于传统的老师所喜欢的学生，没事儿，我也不属于；恐怕他也不算那种学习成绩拔尖儿的男孩子，没事儿，我也不算；在我看来，对于一个学生，最为重要的根本不是这些，而是，有没有担当，或者说，有没有责任心。这种责任心，体现在对别人，更体现在对自己。最基本的就是，你对自己的身体是否有责任心。

当你用课业负担紧张或者学校要求多来当借口不去参加体育锻炼时，是否会想到校园时光会是自己身体锻炼的最佳时光？你浪费的、没有参加的其实是对你最有用的历练，而那些所谓再创新高的学习成绩真的会在你的生活中，乃至整个生命中对你有多大作用？倘若你偏巧是一个没有通过运动，学会对自己负责的人……

我不夸大体育和运动对一个年轻人的作用，但看着丛沛恩我会觉得，他终将是一个走在这个社会前沿的人。在后来的交往过程中，丛沛恩很"不敬"地要跟我比试体能训练，包括跑步、体能（crossfit）以及肌耐力练习。当然，老家伙没有让他失望，全部赢下。而他表现出来的不服输、继续不懈努力争取自己进步的态度，是我认为一个年轻人成长的正确方向。他未必比别人聪明太多，也未必比别人优秀太多，但对于自己身体的责任心会随着他的成长蔓延到他生活周遭，让他成为一个

— 9 —

侃侃儿谈

被身边环境所信任的人,这样的人,会一直不落后于时代和社会的发展。

按照目前学校教育的状态,我倒更愿意相信他能够有此状态是因为家教,朱丹师姐的为人处世在其后慢慢给了我答案:平等对待孩子,努力寻找适合而可行的沟通方法,认可体育运动对孩子成长的帮助。尽管她因为第一次见面我耐心回答丛沛恩的问题,对我多次感谢,但作为一个新晋奶爸,我想我更应该感谢她,让我提前明白了应该给予我的孩子什么样的成长过程。

因为这些,我愿意为这对很可爱的母子新出的书写推荐,也很期待看到他们在书里写的成长故事,以便我学习之。

于嘉

* 于嘉:中央电视台著名体育评论员,《跑步圣经》译者。

家庭教育篇　家长是孩子的规划师

不要"听话"的孩子

P从小就不是个"听话"的孩子，我们也不希望他"听话"。

刚开始呀呀学语的时候，全家人包括姥姥姥爷在内，都有一个共识：夸奖孩子的时候不说"你真听话"，而是说"你真懂事"！

人之初，给孩子什么，孩子就吸收什么。

跟P说话的时候，也不把他当成孩子看，基本上没跟他说过"小孩儿话"，诸如"吃饭饭""睡觉觉"之类的。我们一开始，就跟他正常地讲话，还讲道理。不因为他还没"懂事"，不因为他还"小"，就轻视他，就忽略讲道理的过程。其实，每个孩子都是"精灵"，千万别轻视他。讲道理的过程，也是我们学习做父母的过程。如果自己都讲不出道理的事，就不要让孩子做。

也许是心理暗示，随着P年龄渐长，当他觉得你说得出道理的事，才会选择去做。因此，我们常常跟他讲的是，为什么要这样做，而不是要他必须要如何如何。所以，P在每一件小事上，都会自己选择，自己决定要怎么做。

在公共场合说"不"

古人曾说"少成若天性，习惯如自然"。

P小时候，我就告诉他，越是在公共场合，就越不能要求大人给买东买西。每次出门前，我都会告诉他说，今天或者是一根冰棍，或者是一瓶酸奶。说好了再出门，如果在公共场合要什么东西，我是不会给他买的。这算是一条家规，也是一个非常有价值的习惯！这个习惯的价值在于"约定"，帮助孩子信守跟家长的约定，排除了各种突发需要和因此发生的无理取闹。

P知道，我从来不怕在公共场合跟他说"不"，但也从来不会在公共场合教训、指责他。因为我们有默契，有问题都是在家里解决的，或者在问题出现之前就预见到，我们事先就会有讨论。有过约定的事情，家长尽量不要改变主意。再小的孩子，也知道"不"后面的灰色地带。如果家长总是由于孩子的要求而改变主意的话，"一诺千金"就成了一句空话，那么，孩子将来自然无法做到信守诺言。

习惯就是养成教育，习惯指导着一个人的生活，也常常主导着一个人的命运。我的大部分好习惯都来源于父母的教导，每个人身上都有父母的影响。

有的习惯会带来不好的后果，必须马上终结。

P几个月大的时候，吃手，确切地说，是吮大拇指。吃得津津有味，吃得手指变形，吃得指甲变软。每次把手指从他嘴里拔出来，都会清脆地"叭"一声，但是越来越难拔了，他长力气了。姥姥说，这个习惯必须改，否则以后口腔都会变形，也会影响吐字发音。我们试了很多的办法，他拒绝安抚奶嘴，我就给他戴手套，往拇指上涂黄连素、涂

家庭教育篇　家长是孩子的规划师

辣椒。看着小小的孩子痛苦、哭闹，我当然于心不忍。但是，我若此时不管，任其发展，当下是满足他的需要了，以后呢？让他长着难看的牙齿，发着奇怪的声音吗？想通了就能下狠心管了，让孩子把坏毛病彻底改掉。在这里，我特别要强调一点：帮助孩子改正不良习惯的时候，一定要给予更多的爱抚，要让孩子在精神上得到满足，让他体会到来自父母的安全感，避免顾此失彼而影响了亲子关系。

满足需要和坚持规矩

父母对子女的给予，不是无底线、无原则的，我们其实一直在爱和规矩之间寻找平衡。

让孩子知道，父母之爱是无条件的，我们爱的是你这个人，不是分数。我们因为爱你而给予你，与分数无关，这会让孩子心里踏实。

让孩子知道，父母爱你但不会无条件迁就你，原则和底线一定要划得清晰。

P 也疯狂地迷恋过 PS，曾为了买一台最新的游戏机，跟我对峙了一段。我看到了游戏机的不良影响，从心底里不想买给他。可是我也看出了他有多想要！那段时间，我常常想这件事，有一天突然想到，自己小时候有多想跟伙伴们去跳皮筋啊，多想拥有一套精致的羊拐啊！想到这就突然想通了！首先是我自己把 PS 当成了洪水猛兽，没看到电子游戏是这个时代的通用语言（universal language），就像我那个时代不会跳皮筋的女生就像怪物、就不会有朋友一样，我怎么能把 PS 生生从 P 的生活里屏蔽掉呢？接下来我跟 P 说：" 你活在这个时代就该玩这个东西，我愿意看到你跟同学们聊起游戏的时候有话题。咱们不用拿分数当指标，PS 不是你靠分数挣到手的，买给你，完全是因为妈妈理解你；但是，凡事都要适度，你要让我看到你会管理自己的时间。"P对我的转变很"欣慰"，长出了一口气。他自己也说到做到，学习时间和游戏时间分得很清。这样一来，游戏在他眼里，就是一种调节和放松。他知道自己不能老松着，尽量把我们眼中的"坏事"转化为好事，游戏机让P学习到时间调配的重要性。

学前锻炼专注力

我看过一些育儿方面的书，看得很快，我要在海量的信息里，找出最能为我所用的。最后总结起来是：在P上小学以前，如果说进行过什么学习或训练，那就是专注力和记忆力的练习。

P在学前是不太坐得住的，他保持专注的时间不会太长。从小学开始，每节课是40分钟，专注的时间越短，对课堂讲授知识的接收就越少，课后要靠补习的话，就是一个恶性循环。很多孩子不是不聪明，而是在专注力不足上吃了亏。我的方法是跟P一起练习坐着，从静坐1分钟开始，在这一分钟里，不动、不讲话，慢慢延长。等他习惯了静心坐着，我们开始看书。他那时最爱看《米老鼠和唐老鸭》，我让他自己看完一个完整的故事，再把没看懂的地方攒起来一起问。如果随时提问，孩子的思维就会懒；累积起来一起问，还能锻炼记忆力。除了小升初那半年，小学阶段基本没补过课，我想是专注力的训练帮了大忙。

学前训练记忆力

记忆力的训练是采用了一位西方学者的方法，很可惜我不记得他的名字了。他的方法是：在身体上从头顶到脚底找十个位置，然后想办法把要记忆的内容跟这十个身体位置找到关联，这种关联和记忆的图像越夸张、越奇特，越好。我和P一起，把这当成游戏来玩，互相比赛。比如说，桌子上有一个马克杯、一本台历、一张匹萨饼、一个煎鸡蛋和一个闹钟，我们就想：头顶上顶着台历，上面是大大的今天的日期，肩膀上架着一个荷包蛋，黄黄的像一枚肩章，匹萨饼套在脖子上，咬起来真方便，马克杯正好拴在腰带上，闹钟就踩在脚底下吧，每天叫起床太讨厌啦！这个游戏我们玩了好一阵子，有意思的是，一段时间以后，我自己都下意识地使用了这个方法来记忆早晨出门要带的东西或一天里要做的事情。孩子的大脑潜力无穷，我就是想办法找到好玩的方法去调动它，让它活跃起来、兴奋起来。待孩子乐在其中，爱用脑的习惯自然就会养成了。

后来在2005年，我又接触了"思维导图记忆法"，同样推荐给已经在上五年级的P。早期的记忆训练，或许并没有帮助P记住多少知识，但我相信，掌握了方法，一定能起到积极的推动作用，树立学习的信心。正如掌握了正确的泳姿才可以游得快一样——工欲善其事，必先利其器。

自由思维和创造力

孩子年幼时，千万不要损坏他的判断力，而是鼓励他要敢想、敢为。

有没有遇到这样的情景：孩子诚实地说出一个不能被成人接受的事实，比如"叔叔你好笨啊，阿姨你真胖啊"！当孩子说真话触犯到别人时，首先家长不可以为了化解尴尬的局面而去斥责孩子，更不能把错误的或者圆滑的方式传递给孩子。比如说：叔叔那叫大智若愚，阿姨那叫富态等。如果这样，孩子要么就糊涂了，以后不相信自己的判断了；要么就会把想法隐藏起来，再也不敢大胆讲话了。当然，等孩子稍大一些，也要让他学会关照别人的感受，使用令人舒适的方式表达自己。

孩子年幼时想法总是让成人无法理解，有时甚至是不可理喻的。但是，一定要保护孩子的童真和童趣！不要急着去引导和纠正，相反，应该细细地观察，鼓励和放大孩子的想法。P在童年时期，做的泥塑、涂鸦都奇奇怪怪，每次拿出来都会让我笑出声来！如今都好好地保留着，作为一种见证吧。上学之前，我最鼓励他大胆说出自己的想法，不管那些想法是不是符合常理，都鼓励他讲。比如鼓励他在人多的场合发言，在互动演出中大胆地上台参与。当他在海狮表演中勇于让海狮亲一下的时候，我会奖励他一个大大的冰激凌；当我们去看先锋话剧，他在台下提问"叔叔你为什么一直坐在马桶上"的时候，我知道，他的小脑袋瓜已经被调动起来了。

我们也身体力行地告诉他：在家里父母不是权威，所有事情都是商量着办的，看看谁更有道理。所以，上学以后，他也没有把老师奉为权威，他总是会有自己的思考，这就让孩子自己的想法得以保护和展现。渐渐长大后，自然就有自己的主张，而且有理有据。

创造力是个性化的、有价值的创见。

年幼的孩子是如何解决问题的？就像孩子玩形状配对的玩具，配错了就插不进去，他要通过"犯错"来寻找解决方案。这时候成人不要急着去帮助，要相信孩子是可以自己解决问题的。

P小时候玩的玩具，几乎没有说明书，都让我收起来了。看说明书干嘛，让他自己琢磨去。但也不那么绝对，比如奥迪四驱玩具车就是看着说明书鼓捣。P拆手表、拆闹钟，大多数时候装回去以后，还能多出几个零件呢!

我在家里很重视展示 P 的各种成果。记得他第一次做彩陶的时候，做了一坨屎，是黄色的，在家里摆了好几年。后来的陶艺作品，虽然几经搬家多有破损，但都小心收藏着。小学的涂鸦作业，里面出现了"这匹马肚子疼，难道是怀孕了吗?"至今想起仍让我发笑。

四年级寒假，P 提出要一台新电脑。我灵机一动，好，预算就 2000，自己去电子城组装吧。他嘴一咧，拿了钱可是没动腿。先在网上查了一阵子，记了一些数字，然后说可以出手了。我说你稍等，拨通了我同学他陶叔叔的电话，请他先在电话里考核一下。经过讨论，P 发现还有几项配置需要调整，又做了一下查询，就跟陶叔叔约好出门了。半天工夫，抱着新电脑返家，从此陶叔叔变成了陶哥。这台电脑现在还能用，这就是最初的调查研究加行动，挺成功!

不管男生女生，都应该从小学会动手，这是未来创造的前提。

孩子的心是敏锐的，我希望 P 的思维是开放的、不断思考的，希望他具备捕捉信息的能力。我的方法就是放手，甚至设置一点小小的障碍，任孩子自由创造属于他的方法。

怎么夸奖孩子

孩子小的时候，要多夸，别舍不得溢美之词。但是，夸奖有技巧，一定要说具体的事。不要含糊地说：你真棒！你真聪明！而是要夸奖孩子某一项具体行为。

比如，你刚才的表演太精彩了，挺胸抬头站得直，声音洪亮底气十足，眼睛看着观众特别有精神！要说自己的感受，别拿自己当法官、当评判者。与孩子同呼吸，感受他的感受，当一个好的"玩伴"。

孩子特别需要成年人的接受和认可，他从别人的评价中慢慢寻找自己。人说孩子都爱戴"高帽子"，其实说的是鼓励孩子的成本是很低的，咱们家长可别错过！当然，如果家长是为了夸而夸，说的都是没影儿的"假大空"，一次两次也许管用，次数多了一定露馅，反而会让孩子觉得被蒙骗了。

分享不是让出去

我和别的家长一样，鼓励孩子学会分享。不一样的是，分享并不仅仅是把好东西让出去。发现没有，总是被家长要求让出去的孩子，反而会有更强烈的占有欲。每个人的本性都是善良的，将好东西留给自己也是本性。要让孩子主动分享，那就先要让他有好朋友，要创造机会让孩子去交朋友。当和朋友分享为他带来快乐感受的时候，他出手可比你预计得大方！跟谁分享、如何分享，应该让孩子自己做主。

苏联教育家苏霍姆林斯基说过："善良的情感是良好行为的肥沃土壤。"P天生拥有善良的品性。P的老家在招远市丛家村，农村老家的老爷爷、老奶奶，虽然无法了解P的世界，但他们单纯地爱他。而P，也小心保管他们给的压岁钱，连上面的红线都小心保留着。

当孩子有了好朋友，有了他关心和在意的人，分享，就是自然而然的事了。要让孩子从小就明白"独乐乐，不如众乐乐"的道理，成年人也要做出努力。比如P一岁多的时候，我们买了一本有趣的书，是教孩子认识消防车、救护车、警车和校车等各种特种车辆的。书上安装了突出来的车辆模型，你一按，车子就会发出对应的声音，非常好玩，P爱不释手。我们带着那本书去姥姥家，老人也觉得新奇，但是为了让外孙玩得尽兴，他们就只是在一旁看着。这时我建议大家一起玩，一人

"开"一辆车。老人一听就摆手,说让孩子自己玩吧!我挤挤眼睛说:"请你们配合我一下!"之后,姥姥、姥爷、小姨和P一人开了一辆车,他们还玩起了剧情版!从那以后,P常常带着那本书和小朋友一起玩。

身体第一

让孩子拥有健康的身体,肯定是养育孩子最最基本的一条。

P刚出生的时候,因为患有新生儿黄疸,医院只让他在我身上趴了一会儿,就把他抱到儿科去了。记得当时我跟接生的医生说:"谁也不能把他抱走。"医生笑了:"现在送到儿科去治疗,几天孩子就可以恢复健康。如果不去,你就自己对他的健康负责吧。"没想到,刚当上妈几分钟,就马上面临抉择,我想了5秒钟,问:"我可以去喂奶吗?"回答是:"当然可以,你一天得去好几次呢!"我说:"那好,抱走吧。"第二次见到P,他正在儿科接受蓝光治疗。抱到怀里的时候,我心疼地看到小东西的头上贴着医用胶布,护士告诉我那是打点滴时扎的。黄疸得到了及时的治疗,为孩子的健康排除了隐患。

另一次排除隐患,是在P一岁多的时候。他出生时,左手手背上有一块黑色胎记,与手背等宽,占了一半多的面积。我们本没有当回事,还开玩笑说,怎么生了个"黑手党"呢!可是,随着之后他姑姑孩子身上的胎记转化为血管瘤,需要动手术,我们才意识到严重性。当时有两个选择:要么马上切除;要么等孩子再大一些再手术,风险是,谁也无法预知它什么时候会转化。这次,我们一点儿也没犹豫,决定马上切除。记得去儿研所手术那天,尽管事先跟P讲过,但是到了手术室他还是不肯跟进去。医生问我:"是不是想好了?"我说:"想好啦,切啊!"医生二话不说,直接把P夹胳肢窝里,大步流星往里走。我就在外面等着，奇怪自己怎么那么心狠呢？怎么没把医生拦住呢！正想着呢，医生托着一白色搪瓷盘子出来了，说："你来看看，我可是切干净了，伤口比较大，要缝不少针。"我冲着医生的背影喊了一句："您尽量给缝漂亮点儿啊！"就这样，P的手背上永远留下了一条形似蜈蚣的疤痕。

  人的身体是冷暖自知的，孩子穿多少衣服，应该让他自己决定。要是天气一冷就把孩子穿得像个锅炉似的，一是抵抗力自然差，爱感冒；二是孩子不愿运动了，动着不方便啊！上幼儿园之前，姥姥姥爷常带着P去工体翻斗乐。一进去就先脱衣服，然后P就爬管子里去了。上了幼儿园，P总是穿得最少的，轻装上阵，耍起来也得劲儿。有时候，天气变冷他也不愿意加衣服，我没有强行让他添加衣服。结果感冒一次打一回针，他下回就知道什么情况下需要加衣服了。

  如果孩子的身体健康出现问题，每个父母都有义务在关键的时候，为孩子选择适当的治疗方式。在教育方面也是一样的，但是教育当中的问题往往不那么明显，不能通过体温、血压、血常规等数值来衡量，这需要每位父母保持随时警醒。

  身体健康和热爱运动是两个级别。

  热爱运动就是要让身体的每一个细胞都想要运动。我在学生时代练过长跑、舞蹈，所以身体素质挺好。创业以后，由于从事的是零售行业的管理，逢新店开业、店铺盘点、店铺改造等经常要通宵加班，那时候觉得幸亏有老本儿可以吃，要不真扛不住。所以，支持P长期坚持运动绝不是挂在嘴上的，而是彻底贯彻。

  P在北大附小棒球队的时候，每天训练1.5小时，从二年级打到六年级，加上寒暑假训练，至少是500多个小时，而坚持了11年的冰球运动，光在冰上的时间就有1000小时，算一算才知道很惊人。所以，

家庭教育篇　家长是孩子的规划师

对 P 的体质我是彻底放心的。记得中考前夕，班主任姜老师说："我们班就算都累趴下了，P 也不会。"

这些年，看着很多父母也想让孩子下课之后或是在周末，扔掉书包，奔向运动场，但是，其中很少有家长能真有这样的胆子，大多数的孩子也没有这样的"奢侈福利"。

在北大附小，P 当仁不让地当上了体育委员，这从小摸爬滚打的，底子好啊！二年级的时候，校武术队和校棒球队让他二选一，P 选择了棒球。我非常支持，棒球是团体运动，能锻炼孩子的团队意识；棒球在北大附小是传统项目，非常受学校重视，资源好。从此，每天放学后都有 1.5 小时的训练，练就了超好的耐力和超棒的体格。5 年下来，P 比其他同学多了 500 个小时的体育锻炼。如果按每周上 4 小时的课外补习来算的话，500 小时相当于两年半。这个时间投入值不值呢？我的回答是——很值！

准时睡觉，无比重要，睡眠对孩子的重要性高于一切。P 在小学毕业前，一直是八点半入睡，雷打不动。作业完不成都要睡，因为我要向他传递的信息是：身体比成绩重要。至于写不完的作业，他必须自己想办法提高效率完成。整个小学期间只发生过一次写不完作业的情况。

当时身为父母的我们都认为，养育孩子，给他一个好身体是最最必须的。体魄健康了，生命的质量、生活的质量才有保障。小学阶段的孩子，参加体育运动远比文化学习重要得多！在参与尝试各项体育活动的过程中，培养孩子们对运动的兴趣，利于身体的协调和灵活，既锻炼了身体，又为日后在体育上的发展打下了基础。同时，在团队运动中，孩子们通过人际交流，培养了团队精神，对孩子的成长、今后的学业和事业都起到了积极的作用。

学习成绩不是唯一指标

课本的学习不是唯一，也不是第一，学习成绩不是一切表现的唯一指标。

有的家长认为，孩子上学的时候，只要把学习搞好就行，做家务何必牵扯孩子的精力？里里外外家长都给伺候好，家里的大事小情都不要孩子参与。这种思想还是建立在"学习第一"的基础上，导致的后果是，孩子即便长大了也不会照顾自己，更不会照顾别人。长大以后，做家务或许学会了，可是依赖心理不是一两天能改变的，独立意识就更不可能立即建立了——有句话叫做"一屋不扫，何以扫天下。"

三年级开始，我开始要求 P 学会用记号笔在书上画重点；四年级开始，要求 P 做课堂笔记；然后学会做计划表，规划和安排自己的学习、运动、休闲时间；到了高年级，整理试卷、做错题分析就非常重要了。在学习方面，我的观点就是：当孩子有困难时，立刻协助他们找出解决的方法，比方说找参考书或网站信息。

P 在做这些事的时候，主角是他自己，这些能力也都是他自己的。当 P 能够自主学习，能在学习领域里表现出持久的专注时，他的课业成绩在我眼里已不那么重要了。

正如在球队里，教练永远不会取代队员参赛一样。可是有的时候有些家长会忍不住，常常不由自主地"出手相助"。久而久之，孩子的独立学习能力就丧失了。作为教练，首先要洞悉球员的能力，然后才是训练球员，让他总能发挥自己的最高水平。父母就应该做好孩子的教练。要有耐心等待孩子一步步地达到目标，但是也要了解孩子的极限。不要总去帮助孩子和剥夺孩子的自我思考、自我管理和完成任务的成就感，这种成就感本该属于孩子，和家长无关。

玩就是任务

上小学之前，P 的任务就是玩，拼命地玩。

玩水：他和小伙伴们最喜欢跳水，从远离泳池的地方开始跑，跑到池边腾空一跳，在空中双手抱膝，"嘭"的一下落入水中，然后爬上岸，再跑，再跳，乐此不疲。熟悉了水性，到了学泳姿的时候自然不费劲。很快就学会了蛙泳，还参加了 isb 国际学校的火龙队，虽然那时候 P 还没上小学，但是火龙队友善地接纳了这个小队员。我记得他们接力比赛的时候，是按大小个儿排的，小个儿的先上。P 的第一棒总是被对手落下很多，可队友还是很善意地为他加油，他游得挺卖力气，可惜就是不见远儿。每次交给下一棒，他就会爬上岸，看着队友们一点儿一点儿追上去，有时差距追得回来，有时追不回来。现在回想起来，我清晰地记得 P 穿着那条明黄色、带绿色条纹的泳裤，翻身入水的样子。

P 明白了，正确的方法能事半功倍，使用正确的泳姿才能保证速度。大好机会，练起来吧！跟着一位教练，学了 4 种泳姿，技术得到改善。但是发现他游一个来回就停下了，不愿意再多游。正好他那时候想要一对脚蹼，于是爸爸就跟他约定，什么时候能游 10 个来回，就送给他。孩子其实是喜欢接受挑战的，为了赢得脚蹼，P 练习了一段时间。到了约定的那天，P 游了 11 个来回（后来爸爸承认是故意少数了）！P 最终赢得了一对漂亮的翠绿色脚蹼。当他穿着脚蹼翻腾在水里的时候，发现自己游得更快了！而这"加速器"是靠自己努力挣到手的。

P 在游泳时交到一个台湾小朋友，小朋友送他一本《神奇宝贝宝典》，于是开始玩这个游戏。那些宝贝的名字奇奇怪怪，什么妙蛙种子、

— 13 —

杰尼龟、墨海马、火爆猴、臭臭泥,但是 P 都记得住。这算是最早期对记忆力的训练吧!

玩自行车:P 整天骑着车在小区里逛,到各个小朋友家串门儿。有个叫芽儿的男孩,他们相交甚好。当芽儿随着父母搬去德国的时候,P 花了好几天选离别礼物,也第一次体验了分离之苦。

还有一次 P 把朋友的爸爸带到我们家,说要给我们介绍朋友!那孩子爸爸说:"你家儿子胆子真大啊,我在小区里碰上他,一看年龄跟我儿子相仿,就说带他去我家吃早餐。这小子毫不犹豫就跟我回去啦!"

玩轮滑:记得我上小学那会儿,好像玩轮滑的都不是"好孩子",迫于社会舆论,我学了一两次就没敢再去,现在想学真是难比登天。P 上小学之前,工体有位老先生,每天傍晚围着工体滑大圈儿,他免费教小朋友,P 就是这么磕磕绊绊跑着大圈儿学会的。夏天我们去纳凉,他就跟着老先生跑圈,一圈一圈跑,腿部和脚踝越来越有力量,为他后来打冰球垫了底子。

让大自然激发好奇心

玩沙子、玩雪、玩树叶、玩泥巴……

有一年冬天,全家驾车去崇礼。路上开始下雪,等到停下车,车身上已经盖了厚厚一层雪。P 从车上窜下来,一把就去抓车上的雪,画面瞬间就定格了!零下二十度,车身是铁的,手粘在车上了!我们赶紧一边安抚惊恐的 P,一边慢慢把小手救下来,再赶紧放在妈妈肚皮上暖,一边开始狂笑。就这样,P 用自己的感官去感受自然,知道了什么叫四季变换,什么是原始的美,也知道了什么是惊险。

大自然充满了神奇的力量,无论是阴晴雨雪,还是花开叶落,都是令人欢喜的景象。孩子在亲近自然的过程中，锻炼了各项感官能力、观察能力。我相信，自然中蕴涵着巨大的能量，我还相信，好奇心是决定孩子智力水平的重要因素，而自然环境是培养孩子好奇心的最佳场所。当P不断地问"这是什么""那又是什么""为什么会这样"时……我要求自己不厌其烦地回答。好奇是孩子的天性，也是他们敢于探索新知的动力。父母应该用心保护孩子的好奇心，培养他们的探索精神。P幼年时，我的任务就是当个话篓子，总是不断向孩子提问题，刺激他思考，激发他的好奇心。

P就是典型的兴趣驱动型。他坚持下来的各种运动、建立社团组织，当然还有打魔兽，到后来为申请美国大学拼命苦读，每一项都是兴趣驱使。

当孩子的好奇心得到了很好的激发和保护，他们就能产生学习的兴趣，我指的不仅仅是书本上的学习。成年人在没有兴趣和目标的情况下，都不会主动做事，更何况孩子。有好奇心的孩子都是善于独立思考的，具备了学习的兴趣和独立思考的能力，也就具备了用之不尽的能量，等到了学龄，该学习书本知识的时候，一切都会水到渠成。

从承担小的责任开始

每个孩子都是天生的冒险家，对新鲜的事物总喜欢跃跃欲试。在P刚刚可以自己坐着握住勺子的时候，我们就不喂他了。吃饭的时候所有玩具都拿开，如果不吃了，就把所有食品都拿走。当幼儿园园长的姥姥送给他三件亲手缝制的罩衫，后面系带子的，有点儿像医生的手术服。姥姥说："别喂，让他自己吃，不怕吃得哪儿都是。"于是，这些罩衫，就是P吃饭专用的工作服。每次都让他自己随便招呼，从来不喂，吃到脸上、身上、地板上都无所谓。你若想帮忙，干劲儿十足的他反而不高兴；到了能够自己穿衣、穿鞋的时候，我们同样再次放手。出门之前，我宁愿耐心地等他歪歪扭扭地系上鞋带，也决不会为了赶时间去为他代劳。要早早地让孩子懂得，个人的事情要个人完成。从小事情开始，对自己负责，到了学龄阶段，学习才能成为自己的事。

学习是自己的事

从小学一年级起，P的书包从来都是自己背的。一个小小书包，象征了责任：是自己的事，就要自己做；是自己的责任，就要自己承担。除了背包这件事，还有拎包。每次我们外出吃饭，逢有打包食物，都是P拎的，也算是家里的一个小规矩，直到现在，还是如此。

学习是自己的事。P上一年级的时候，很不巧，我曾经有三个月的时间在外地工作。三个月以后回到北京，马上又进入到下一轮疯狂工作的状态，这种状态持续了一年多。这期间，姥姥姥爷代替我管理P的学习和生活。我曾经要求父母，不要陪他写作业，不要帮助他检查和改错，作业和学习成绩也要P自己负责。从三年级开始，我调整了生活的重心，放慢了工作的节奏，使自己能花更多的时间和P相处。对P的作业，我一直都采取不监督、不检查、不帮助的政策，所以P的作业一直都不是"完美"的，但那正是作业的作用吧！不要比孩子更担心他们的作业，否则这就变成你的作业了。不要让孩子养成没人陪，就无法学习的习惯，而且，能独立学习的人，其他方面的独立性不会太差，但是不陪不等于不管。在四年级之前，检查作业是必须的。查什么呢？不是查正确性，而是看完成的态度怎么样。

起床上学这件事，也是自己的。我会叫醒他，会准备早餐。如果不起床，导致迟到，那不关我的事。如果担心他被老师批评、被扣分，家长就拼命催着起床，这反倒会让孩子有依赖心理，他就不会强迫自己快速起床，因为反正有人比他还着急担心；他也不会抓紧时间，争取晚上早点儿睡，因为他有一个免费的闹钟。

带齐学习用具，也是自己的事。P 在小学期间，我给他送过课本、作业、签字条等落在家中的东西。一上初中，这个应急服务就停了。不管他怎么生气不满意，我就是不送了。经过几次，他就彻底靠自己了。就是这样，必须要经历吃亏，才能长记性、长教训。

做家务就是一种责任。P 从小就帮着我们洗车，是当着玩来干。夏天，他洗车洗得浑身湿透，后来我们突然发现水表哗哗地转，太不环保，就给 P 的这项"业务"喊了停。P 嘴刁，外号叫"这小嘴儿"。喜欢吃，自然乐意学着做。还有就是，从小学到中学，我们一直租住在学校周围，九年里，搬了三次家。P 在搬家时对我的帮助越来越大，到最后就是主力了。我们住在 4 层，买回来的大桶水，每次都是 P 给扛上楼。

把自己孩子当"别人"

曾经读到纪伯伦（Khalil Gibran）的一首诗，是冰心翻译的版本：

《论孩子》

你们的孩子，都不是你们的孩子，

乃是生命为自己所渴望的儿女。

他们是借你们而来，却不是从你们而来，

他们虽和你们同在，却不属于你们。

侃侃儿谈

你们可以给他们爱，却不可以给他们思想，

因为他们有自己的思想。

你们可以荫庇他们的身体，却不能荫蔽他们的灵魂，

因为他们的灵魂，是住在明日的宅中，

那是你们在梦中也不能想见的。

你们可以努力去模仿他们，却不能使他们来像你们，

因为生命是不倒行的，也不与昨日一同停留。

你们是弓，你们的孩子是从弦上发出的生命的箭矢，

那射者在无穷之间看定了目标，也用神力将你们引满，使他的箭矢

迅速而遥远地射了出来。

让你们在射者手中的弯曲成为喜乐吧，

因为他爱那飞出的箭，也爱了那静止的弓。

——卡里尔·纪伯伦：《先知》第四章

"你们是弓，你们的孩子是从弦上发出的生命的箭矢"这是对我影响最深的一句——开弓没有回头箭！

在父母和孩子的关系中，不占有是最重要的。每个孩子都应该拥有自己独立的思想和情感，尽管无法避免会受父母的影响。但是，孩子不属于父母，他只属于他自己。

龙应台曾经在《亲爱的安德烈》中提出，把孩子当成别人。对此我有很多的共鸣，这几个字里有很多层含义。让我们想象一个场景：你的宝宝正在蹒跚学步，你是不是会把他面前所有阻碍他的家具都搬开，还是换掉所有带尖角的家具，任他自己去磕碰？摔倒了，等他自己爬起来继续走，还是赶紧扶起来从此再不松开他的小手？真正把自己的孩子

当成别人，意味着你放下满腔的情感，真正理性地去看待他，对他的成长做出有益的安排；清醒地看到他的长处和短处，潜力和极限。

每位父母都对孩子怀着满满的爱。这种爱常常会蒙蔽我们的眼睛，让我们丧失了公平、准则和判断力。人说孩子都是自家的好，为什么别人孩子的毛病我们看得一清二楚，自己孩子的问题或缺陷我们却视而不见？我常常提醒自己要把 P 当成别人，当成别人的孩子，减少事事都管的婆婆妈妈，降低问东问西的好奇心，和他保持一段舒适的距离，客观公平地看待他、评价他。

我曾跟朋友开玩笑说，孩子小的时候跟他拼体力；长大就得拼口才、拼脑力，真的是斗智斗勇。其实越大的孩子越讲道理，要能搬出有说服力的理由，应以理服人。所以，P 跟我的沟通常态就是：摆事实、讲道理。

举一个例子吧，当他要买一双篮球鞋，只是说想要是过不了关的。他要告诉我，为什么需要这样一双鞋，这一款和上一次买的有什么区别，科技方面哪里更新了，功能上有什么不同了，这鞋代表了哪位球员的什么阶段的故事，包括颜色和款式怎么时尚了，跟校服怎么搭配了，这些都算理由。那时候，每一期的《鞋帮》他都买，也会上网去查资料。一双篮球鞋里，有科技、有文化、有故事。P 这么做，一开始是为了说服我这个难搞的妈妈，后来越整越明白，选鞋就变成了他自己很享受的事情。有时候，鞋子买回来也许不如想象的舒适，或者没过几天就不喜欢了，利用率不高，那下次就注意避免。这种做法实际上让 P 在不知不觉中，摸索了自己做 research 的方法：先找信息，再优化组合对自己有利的信息，拿出来说服我。经历了几次这样的买鞋之后，我觉着 P 的眼光越来越好，他选的鞋子性价比很高，出镜率也高，很时尚，跟他的风格很搭。再后来，他就不必次次都要说服我了，因为他自己的判断力已经过关了，在买鞋这类事情上，我们已经有了默契，于是，我放手了。同理可推，还是那句话：好的东西都是相通的，正确的方法也是相通的。

给孩子失败的权利

P成长的这些年，我们面对过几次重大的输的可能性。长期来看，给孩子很多时间去参与体育运动，没有安排长年的培训补习就是冒险。

到处都是成功教育、竞争教育，无一例外地是要教导孩子如何取得成功、如何赢得竞争。可是，没有经历过失败哪来的成功？但是输，哪个家长敢让孩子输？到处都是"赢在起跑线"的论调。

由于工作的关系，我有一些朋友是西方人。我了解到，在他们的观念里，不仅允许孩子失败，而且尊重这种失败，这种尊重是很有人情味的。他们认为，孩子通过挫折和失败，可以有效地增加阅历，锻炼意志。

自古以来也有"时势造英雄"的说法，但是看看孩子们现在的生活：平静、富足、一帆风顺。没有经历、没有故事的人，注定是苍白的，是没有魅力的。

父母们不愿意看到孩子失败，是因为忽略了失败可以带来的价值。当我们沮丧于孩子没有达到预期时，别忘了他还在成长，他有权利失败。赋予孩子失败的权利，就是对他终将成功的信任。而这种信任，将是孩子战胜失败的勇气！

在学习上，家长教得太多、方法准备得太周全，就像动不动就把孩子送补习班或找老师加强，用被动地填鸭和制式化的方法，无法培养出孩子爱学习、勤动脑的习惯，无法提高他们的自主学习能力。

我很幸运地意识到失败对孩子成长的重要性，但是在初期还是勇气不够，心中会惴惴不安。放手，谈何容易！

自从 P 加入棒球队和冰球队，我随着他转战各地打比赛。这期间，经历过败走麦城的沮丧，也有很多次捧回冠军奖杯的辉煌。个中滋味，不身临其境是无法体会的。球场如同战场，当 P 全副武装披挂上阵，手执球杆，或进攻、或防守，时而机智地传球、时而大力射门的时候，我看像极了大将军，于金戈铁马当中，叱咤疆场……这种球场上的激烈经历，恐怕对于一心只读圣贤书的学生而言，是永远无法体味的。

如今再看加入棒球队和冰球队的事，这既是 P 人生的重大选择，又是他自己当仁不让做出的决定。虽然当时 P 只有 12 岁，虽然也有冒险的成分，但从长远看，允许孩子失败，放手让孩子选择——值得。因为今后要面对的选择更多、更难，越往后，要顾及得就会越多，就会越输不起。

尝试 Just try it

敢于让孩子尝试，说起来容易，做起来难。

小的时候，玩起来不要怕脏，不要因为所谓的卫生制约了孩子的手脚，大不了多洗几遍，多换洗几件衣服，要鼓励孩子自己去探索。再就是要为孩子多提供各种机会，在各种尝试中去发现他最适合、最喜欢的项目，不论是运动，还是艺术。我总是跟 P 说，没关系，我们先试试，不喜欢就不玩了。这样，孩子没有心理负担，会更愿意尝试。关于尝试这件事，家长要做示范。

P 才 4 个月的时候，我做过一件疯狂的事。我们跟烟台的朋友一起观看傣族的歌舞演出，其中一个环节是跳竹竿舞。舞者要随着音乐节奏，看准分分合合的竹竿空隙，踏着节奏一步一步跳过去。征集观众参与的时候，我去了，而且是抱着P去的！小小的P就在我臂弯里，我用手掌撑着他的背，我们一起随着节拍一路跳过去，真刺激！希望P长大以后愿意去接受挑战，对新事物最好持有愿意尝试的心态——这就是我当时的潜意识。

我们在南非旅行时，去过一个游乐园，那里有个水滑梯，十几层楼那么高，而且角度很大，在地面上看着都吓人。P那时还没上小学，看着滑梯就摇头。我说："没让你上啊，我去，你在下面看着我！"我按教练的要求，双臂交叉、双腿并拢，往下滑的时候，我觉得身体已经离开了滑梯表面，落到水中也就是一瞬间的事。滑下来以后，什么也没说，接着跟P去玩水。我就想让他知道，这就是稀松平常的事。我那会儿啥心情？说实话，很害怕。

又一次，我们去北京十渡蹦极，P还是在下面看着。我也紧张，但还是强迫自己做了一个屈膝的动作，确保是"跳下去"，而不是"掉下去"。

回到地面以后，我和P之间的对话：

——"妈妈，害怕吗？"

——"有一点儿，但是我要是没跳，就永远不可能倒着看青山绿水，还有我全身的骨头从来没这么舒服过！"

——"妈妈，那你以后还跳吗？"

——"不跳了，体会一次就够了，我不是非常喜欢，我还想尝试其他运动，看看还有没有更适合我的。"

要传递给孩子的信心，最好是来自家长的身体力行，最好没有强迫性、没有压力，对示范的结果要保持开放的心态。这样，既给孩子引导，又给孩子空间，让孩子很从容地自主选择。

P尝试过的运动和艺术项目有：武术、跆拳道、网球、游泳、轮滑、速滑、羽毛球、乒乓球、单板、飞盘、冲浪、潜水、高尔夫、钢琴、吉他、京剧、剪纸、泥塑等。

在运动方面，我们发现，凡是用棍子去打球的项目P都很擅长，他球感很好。接触钢琴的时候很搞笑，在学了几次之后，竟然还把琴谱叫菜谱，我们就哈哈大笑着放弃了。吉他P学得很快，刚上了几次课就打算组乐队，我说你可真敢想！P说，音乐就是用来玩的，乐队名字我都想好了，就是还缺一个鼓手。你瞧，很多一技之长就是玩出来的。不得不提一下的是游戏。P曾经笑称，他早期的挫折教育就是在游戏里接受到的。那时候还没上小学，在网上跟人家换装备被骗，幼小的心灵就经受了"磨难"。

我对游戏的态度是这样的：这个时代游戏之于孩子们，就像70年代跳皮筋之于我们，那是"语言"，是和同龄人沟通的方式。P是魔兽爱好者，诚实地说，为了魔兽，我们讨论过很多次，也生了不少气，直到大家达成了一种平衡，那就是，他要玩魔兽，就先高效完成作业；我学习了一下，发现魔兽是款很锻炼战略思想的游戏，乐呵呵地看着他和伙伴们大喊大叫攻城掠寨，时不时还送个饮料过去。要我说，没有什么爱好是不务正业的，只要时间管理得好，得与失把握得住。当然，做父母的不要奢求孩子所有时间都用来学习。这是泯灭天性的，很不人道。

P养过兔子、仓鼠、金鱼、水猎犬和德国黑背。一次小兔子拉稀，我们用宠物店教的偏方，把盐烤热，放在盘子里去烘小兔子的屁屁，还是没救过来，P很伤心，哭得脑门儿上都是红点儿；仓鼠养了一对儿，妈妈生了宝宝，宝宝粉粉嫩嫩很可爱，可是第二天一早，竟然发现妈妈把宝宝吃了！于是P坚决不再养了；P喜欢养狗，可是不爱伺候。后来也因为家搬到学校附近房子小了，而且我们做不到早晚遛狗，所以只好放弃；还有，初一那阵子P对鱼很感兴趣。每天放学都先去花鸟鱼市场，回来就写观察日记。

初三毕业，P扬言今后的专业方向是生物，我小惊了一下。我说你凭什么？P说我喜欢啊！我说那好，咱们看看你是不是叶公好龙。于是，就有了后来参加植物组织培养项目的经历。

上高中以后，P创建冰球社团、推动冰场项目、开设冰球选修课，这些都是P有预谋有计划的吗？在我看来，更像是步步为营，水到渠成。当P刚刚开始打冰球的时候，谁曾想到，十年之后因为冰球，他会有如此丰厚的收获？You won't know till you try. 是的，如果不尝试，你将永远不知道答案。

换房不换家

上了小学以后，我们为了离学校近些，租住了学区房，我特意把书桌安排在客厅里。由于平时根本不会在家里待客，所以客厅就是P的书房。P学习的时候，家里一定是寂静无声，我在厨房准备晚饭，都是关着门，尽量不发出声响。从小学到初中，P一直都在客厅里写作业、用电脑。我忙完了，就会工作，或者阅读。P读书的时候，我绝对不会看电视。直到升入高中，P觉得他要有自己的私人空间了，我也完全信任他可以管理好时间，就这样自然而然。我们重新布置了他的房间，把书桌从客厅移进卧室，实现了学习生活一体化。租来的房子卧室门是毛玻璃镶嵌的，所以P几点关灯休息，我一望便知。在高二他冲刺SAT考试的阶段，经常是我睡醒一觉，要爬起来去敲他的门，催他休息。

租住学区房的时候，我最理想的选择是，就住学校门口，步行可达的范围。这样做，一是 P 可以有更多的时间参加体育运动，二是每天早上可以多睡一会儿，哪怕就多二十分钟，十年呢？这两项，对 P 长身体都至关重要。

三年级的时候，不确定初中在哪儿上，初中的时候又不确定高中在哪儿读。因此，我一早就想通了，P 在哪儿上学，就把家搬到哪儿。租住也有遗憾，我担心 P 将来回忆起来，没有一个固定的、家的印象。我的补救方法是，换房子不换家具。我央求房东把家具都搬走，或者我找地方帮房东存放。家具承载着好多回忆，将来不论生活在哪里，家具都要跟着走，这些老物件会帮助孩子获取来自家的安全感。P 的书桌是爸爸特意请人用松木做的，这些年一直在用，掐指算算，这件家具跟 P 相处的时间最长。

敢想敢做

凯特·斯蒂文斯（Cat Stevens）唱过一首歌叫做 *If You Want To Sing Out , Sing Out* 歌词极其简单：

Well, if you want to sing out, sing out;

And if you want to be free, be free;

Cause there's a million things to be,

you know that there are.

And if you want to live high, live high;

And if you want to live low, live low;

Cause there's a million ways to go, you know that there are.

You can do what you want, the opportunity's on;

And if you can find a new way, you can do it today.

You can make it all true, and you can make it undo.

青春是用来燃烧的。为你的梦想，拼一回百折不挠，释放一次淋漓尽致！当然，首先你得拥有一个梦。最让人无奈的是没梦想没渴望，甚至连吃什么都没所谓的孩子。当孩子渴望什么的时候，是好事。加以引导，顺势而为，给他提供资源和机会，这件事做家长的责无旁贷。放手让孩子选择他热爱的，全心投入，尽情燃烧！

做自己真正想做的事，活出本真。简单的歌，简单的道理，但很难做到。一个人可以自知自省，可以身心自由，是很多成年人都做不到的事。我们所处的时代、我们受教育的经历、我们从上一辈那里的传承，都将铸就我们的人格，决定我们的生活走向。

为别人做点事儿

我毕业于北京二中，在二中校友会做了多年的义工，能有机会为校友和在校学生做一点儿力所能及的事情让我觉得自己很有价值。乐于分享、愿意以举手之劳去帮助他人，是在中学时代就形成的惯性，这让我的人生非常受益。我愿意 P 也成为一个为人热情的、古道衷肠的人。

P 第一次做公益，就是参与北京二中 89 届毕业生 20 周年的重聚。我为重聚做了很多准备和组织工作，有意拉上 P 为我帮忙。我和几位同学一起，用一个月的时间，聚集了 100 位当年的校友。那一段时间，P 目睹我制作 PPT、跑印厂做喷绘和易拉宝、给大家打电话、积极寻找当年的恩师们的情景。我很坦率地告诉P，自己很享受在人群中的存在感，但是我也真的做事，不哗众。我是北京二中校友会的秘书长，经常代表校友会看望恩师和老校友，我称自己为"北京二中义工"。为学校和校友做事，肯定要花费很多时间和精力，但是我乐在其中。这一切，潜移默化地影响着P。

重聚当天，P和我同学吴军红的儿子一起，当起了小义工。他俩胸前贴着义工的标志，在重聚现场帮忙引导、登记，然后观摩我们的活动。那天，墙上贴着20年前的毕业照，白发苍苍的恩师们和已为人父母的学生重聚在一起，每一个拥抱都是发自内心的，老师们的演讲不减当年风采，听得学生们如醉如痴，恍如隔世，仿佛重走了一遍青春。学生的感言充满感恩，20年，可以小小地回顾一下人生了！P见证了真挚的师生情、同学情，我跟他说：曾经住在你青春里的人，是你的财富。你看，我多富有！后来，当P高中毕业的时候，我看到他和同学们也拥有浓浓的友情，真为他高兴！中学时代的友谊无价……

P另一次做义工是去河北支教。物资大学的杨洪彰教授始创的"手拉手"扶贫支教项目，已经坚持十多年了，河北省万泉县的孩子们在他们的资助下完成了本来不可能完成的学业，真是造福啊！我拜访了杨老先生，向他提出希望带着P这个初中生去参加支教的要求，老先生说：支教扶贫要星火相传，高兴还来不及呢！初二的暑假，P就随着杨老先生去万泉小学支教。去了三天，P负责教英语和篮球。虽然时间不长，但这是真正行动亲力亲为去帮助别人的开端。

给老妈打工

在P一岁的时候，我创业了，开设连锁便利商店。慢慢地，我的店铺专注开设在外国人居住区。这些店铺和 P 一起长大，我不断地开新店，也会关闭利润不丰厚的。

我们常玩的游戏是，选定一个地段，讨论在这个地段可以开设多大的店面，如何经营。P 那时候的志向是：将来开一家大超市，而且就开在妈妈店的对面。真有"理想"！

去四川旅游，我们在武侯祠旁边吃粥底火锅。忘记了什么起因，反正 P 那天发表过精彩的论述，当时模拟的是一家两层楼的新店，P 谈的是如何做店内布局。P 那时候比较胖，一张圆脸飘在火锅散发的热气上面，侃侃而谈，到现在我还记忆犹新。后来，我们做商业评估的时候，经常让 P 接触真实的案例。这应该就是耳濡目染，试问又有哪个孩子会不受家庭的影响呢？

我同学的至理名言：经济上的独立，才是真正的独立。

当 P 想有更多零花钱的时候，我建议他到我的 LION MART 便利店打工，从理货员做起。这个工作看似简单，其实也有很多学问。P 每个周日去三个小时，第一个工作任务就是帮忙出货。出货的时候要既好又快，商品的正面向外，纵向陈列。P 跟我说，饼干的包装都是四方的，最好陈列；听装饮料和罐头最不好摆；出货要求先进先出，所以新日期的商品要放到货架里层，如果偷懒，就会导致商品到期；还有货架不能"开天窗"，这是做理货员的一条铁律。

如果店里到了新商品，就需要选择陈列位置，最黄金的位置是与顾客视线相平的货架。同时，商品还可以进行多种相关陈列。能做好这个工作，就称得上是资深的理货员了。

LION MART 会有很多外国顾客经常光顾，因此观察外国顾客的购物习惯成了 P 的一大乐事。我从他嘴里听到的趣闻很多，比如美国人买

家庭教育篇　家长是孩子的规划师

了啤酒以后，一定会买薯片；牛奶和麦片也是一对销售组合；印度人买了大米就会找咖喱；而日本人在选了乌冬面以后一定会买味噌……如此种种，细细地观察，他就知道商品如何进行相关陈列了。把蛋糕粉和模具放在一起，麦片和牛奶，咖啡和过滤纸，西米和椰浆，真是创意无限！称职的理货员，能让沉默的商品"开口讲话"。

当P越来越熟练，具备了信心和顾客面对面的时候，店长开始让他进收款台学习收银。P开始跟常来光顾的顾客交谈，交谈的过程中，除了练习英语还学到不同语言的问候语，慢慢地建立了顾客关系，这就越来越有意思了！从顾客购买的商品中，有心的人可以发现顾客的消费习惯，这些顾客不同国籍，不同文化背景，不同的礼仪和幽默，他们形成了一个小社区，P也是其中的一份子，他正在让自己慢慢地融入进去。后来，跟顾客们越来越熟识，哪位喝什么牌子的酸奶，这家的小孩叫什么名字都能如数家珍了。P说，这就叫"宾至如归"。

再后来，P的商业触角蠢蠢欲动，开始为店里出谋划策。比如：

1. 监视器——研究顾客心理：为了不让客人反感，P提出监视器面向店员，而不是像多数商店那样直对顾客，使用所谓的心理震慑方法。在摄像头下面，挂一个小牌，上面写：您正在屏幕上，请微笑！

2. 黄金位置——消费心理：收款台周边和所有端架，要选择店铺最想售出的商品。也许是新商品，也许是有价格竞争力的，也许是高毛利的，甚至是滞销的。

暑假在LION MART便利店P进行的小实验：

在炎热的夏天，商店冷藏柜里陈列的商品，到底该如何选择？店员有他们的想法，当然是摆单价高的！P提出，冷藏柜里不能只放单价高的饮料，有时候顾客只是要买一瓶冰的矿泉水，你必须满足。他觉得，

"收买人心"和"赚取利润"的商品都应该有。于是 P 跟店长商量,把冷藏柜里的商品进行调整,认真地对比调整之前和之后的销售。P 用心了,而且说明他研究了顾客心理。

申请大学的时候,P 将这段勤工俭学的经历写了一篇申请文书:

Lion Mart is a chain market that's owned by my mom. Every time I drop by her stores I'd have tons of suggestions for her and wish that I could run one of her store some day by myself. One summer, the chance had arrived.

I had my chance to work in one of my mom's store which is located in the CBD area where the employees there have the problem to communicate with the foreign customers. I was trained to be a tally clerk at first during which I did my project of improving the efficiency of the refrigerator. Before project was started, I handed out several surveys to the employees of my mom's stores to see what beverage would they put into the freezer. The answers were somehow identical. Some of them chose to put in mainly the ones with high prices and others would put a lot of waters inside. Then I did another survey towards the costumers to see what they would like to buy from a freezer in the hot summer days. The results was as expected. The customers have different propensities: some of them like just waters and others like sodas. After comparing the number of the customers who like water and the number of customers who like soda, I gained the conclusion that in order to make the highest profit out of the freezer we should divide the freezer into three areas. The waters are definitely our main merchandise which will be filled into one big area because according to the survey most people would choose a bottle of water instead of others when trying to escape from the sunshine. Then there comes the sodas. We have to admit that although most people like the healthy water, there are also people like me who are desperate of getting a can of coke and fill it into the stomach to cool themselves down so the second large area is devoted to the sodas like coke and spirit. As for the last but not least area, I chose to put the luxurious drinks like Ivan and other high-priced drinks in that area because even if they do have a very high price, we would still profit a lot from the one or two bottles that were bought by the wealthy customers. At the end of my project, since the customers would always find something they like in the freezer, the income of the freezer had been raised by xx percent.

  Then I was upgraded to the cashier after a period of "observation". The Chinese customers was not a problem for me since I'm a Chinese myself. The challenge comes on every Sundays when there's a Church gathering next to the store. These customers are of different age, nationality and disposition. To be a good cashier and to make customers satisfied shopping at this store, I usually do observation before I start talking. For example, if he or she is elder customer, I'd start with "How may I help you sir(madam)?" to make them feel respected. On the other hand, If he or she is rather young, I'd probably start with "Hey how's it going?" to make them feel that there's no gap between us. When encountered with non English speakers, the gesture and the smile become extremely important. I still remember that there was a very old lady who had hearing problem and she didn't seem to understand what I said so instead of talking I gave her a big smile and wrote down the money she had to pay. She left with satisfaction and I gained the experience of dealing with all kind of people which I consider extremely important in this "flat" world.

这篇文书不是最终版本。因为留学指导老师孙老师认为写得"不好玩"。经过几番大脑风暴（brain storm），在孙老师冥思苦想之后，一个足够好玩的创意出炉了！下面是关于在 Lion Mart 勤工俭学的最终版本：

I've been working part-time at Lion Mart for 4 years. In this tiny convenient store frequented by foreigners living in embassy district of Beijing, I pleasantly expose myself to personal and cultural nuances. Here I learnt that French always kiss three times when greeting each other, and Portuguese love sombreros. Not being content with doing basic greetings in over 10 languages, I turned my attention to regular customers' habits, soon finding out who had lactose intolerance and who enjoyed liquors early in the day. Stocking shelves offered even more opportunities to initiate myself into foreign lifestyles and forecast their shopping list. French would spend more time perusing the cheese section, so I placed crackers and Perrier alongside. Many Indian customers cooked traditional dishes almost every day, so I grouped rice bags with curry paste and Tandoori marinade. When American customers drop by before movie time at nights, I'd certainly present chips and pop corns in plain view!

没有"不务正业"的爱好

爱好就是，你没有任何压力和目的，最最放松的时候，最想要做的事情。它一定是很享受的过程。很多爱好与学习无关，但与情趣有关；花费可能不菲，时间成本肯定很高，但延续终生；不开心的时候，爱好能帮你排解烦恼；结交朋友的时候，爱好能让你融入一个圈子。

家庭教育篇　家长是孩子的规划师

P的爱好五花八门，曾经追过京剧，跳过街舞；打过桥牌，迷过游戏；弹过吉他，打过篮球；做过小吃，弄过生物组培；打过棒球，剪过窗花等。言而总之，跨界跨得厉害。这些爱好，让他成为了一个有趣的人。

如果幸运，家长能帮助孩子培养一个终生的爱好。因着这个爱好，孩子可以收获友谊，搭建他的人脉圈子；可以乐在其中，享受生活的乐趣；可以拓展视野，让心灵走得更远。

一个人可以轻松找到让自己开心、满足的事情，是不是更容易觉得幸福呢？当P处在申请大学的面试阶段，这些五花八门的爱好，让他可以轻松地跟面试官找到共同的话题，让他谈话的维度更广泛，显得更加可亲可近。

如此说来，除了不良嗜好，没有什么爱好是"不务正业"的。

领导力——影响他人的能力

"领导力"这个词，几乎出现在所有大学的招生标准中。每所大学都想录取具备领导才能的学生。他们当然希望，未来某个领域的领导者出自本校。在中国，空白的领域、未来的发展空间有多大，是有目共睹的。那么，到底哪个中国学生具备成为领导者的潜质呢？招生官们在寻找。

领导力绝不是单纯体现在你能当多大的头头，那只是外在的表象。拥有学生会主席、社团领袖的头衔，不一定就是领导力的体现。领导力更多的时候体现在：你带领大家做了什么事情，你做的这个事情，是不是给周围的人带来了积极的变化。而且，任何一个成功的领导者，都应具备极强的个人魅力。首先，有一颗平和的心，懂得表达和掌控自己的

— 33 —

情绪；会欣赏他人，在团队里能够起到很好的粘合作用。其次，能做到身体力行，敢想敢做，一马当先。

领导力是以下几种能力的综合体现：

独立思考。在孩子幼年的时候保护他的判断力，不要人为地去蒙蔽他。鼓励孩子把最直接的想法大胆讲出来，是非常重要的环节。成年人要刻意地不让自己的观点笼罩住孩子，鼓励和引导孩子自主思考，应该是最佳的方式。有的时候需要冒一点风险，只要提醒自己，年龄越大风险越大，所以不如早点尝试。像P小升初、中考的时候为自己做的决定，就是他最早判断形势、评估自己的尝试。如果不是这些尝试，他又怎么会有远见和胆识去创建推广体育教育的"侃侃Sports"？具体详情，见后文有详细叙述。

比尔·盖茨说，智商不是无可替代的。想要成功还要懂得该如何作出明智的抉择，以及拥有宽广的思考力。我很喜欢"思考力"这个说法。经受过锻炼的大脑，思考问题是有深度的，是可以进行专注的、深层的思考的。思考力的锻炼唯有通过经历来提升。

口才和亲和力。亲和力多少有点儿与生俱来，口才绝对是后天的训练。P从小就不"听话"，伴随他成长的，是我们此增彼长的各种斗智斗勇，看看谁能说服谁。初二去斯坦福读暑期课程，他特意选了公共演讲课，从那以后，辩论起来更是论点论据整得清清楚楚。后来P自己为冰球社团招兵买马、为设立选修课程和建设冰场去游说校长，这一步一步，就像层层进阶，没有这些锻炼做底子，这会儿，也许"侃侃Sports"还是停留在这个毛头小子脑袋里的创意，也许只是一个永远的梦想。

组织和执行能力。好的想法需要有效的执行力才能得以实现，这同

家庭教育篇　家长是孩子的规划师

样也需要练习。从小在球队里，P的确在执行和组织方面得到不少训练，教练的战术是要靠队员到场上去实现的。团体运动本身不但锻炼人的动手能力，也锻炼人的协调组织和团队合作能力。时机总是一闪即逝，首先要判断正确，然后要果断行动。我总是鼓励P要勇敢尝试，而我则尽可能支持他的想法。

人品。顾名思义，放在最后的最重要。德才兼备，以德为先。

到底什么是领导力——你振臂一呼，看有没有志同道合者跟随你。如前所述，在具备了强大的综合实力前提下，才能影响他人、说服他人、带领他人。随着学识的积累和社会阅历的成熟，我相信P在他长远的人生道路上一定会成就更多"意想不到"的团队大事件。

驾驭情绪——父母和孩子都要"好好说话"

运动是P生活的重要部分，不打球、不健身是他无法接受的度日方式。而且，他因为运动，结交了许多同样热爱运动的朋友，扩大了社交圈子，性格开朗热情，与人为善。身体好，精力就充沛，学习效率就高，生活还丰富多彩，何乐而不为呢？

有朋友问我，孩子青春期的时候，怎么才能发现他情绪不好？我说，要是P不出去打球了，那一定是出什么事儿了。可喜的是，P从来没有这样过，他运动回来以后，总是心情大好。打一场球，往返两个小时，能做几篇阅读，背多少单词啊！我也这么想过，但运动是不能被学习替代的，正如匹萨饼无法替代水煮鱼。

现在，有些父母总是发愁孩子没有朋友，你闷在家里怎么交朋友呢？还有些父母抱怨孩子的朋友对孩子有不良的影响，那些热爱运动的孩子大多阳光、快乐，同龄人在一起能互相帮助、相互提升。所以，为

侃侃 儿 谈

孩子创造条件，支持他们享受运动吧！

青春期的孩子有叛逆心理是很正常的。在 P 小的时候，我当自己是话篓子。总是抓住任何机会给他提问题，刺激他思考，给他讲解，帮助他增长见识。随着他年龄渐长，我的话反倒越来越少。有时候，只是走到他身边，轻轻敲下桌子。孩子明白就好了，完全没有必要唠唠叨叨，毫无益处。

一个人如果能很好地驾驭自己的情绪，能健康、有效地跟外界交流沟通，那他就具备了获得幸福的能力。

孩子们会原封不动地继承父母的情绪习惯，因此，父母必须成为情绪管理的好榜样。把自己的情绪管理好。在 P 一年级那段时间，我曾经被工作累得无暇生活，精神上完全没有幸福感。等我调整好了以后，精神上放松下来了，又成了一个乐观快乐的母亲。我觉得只有父母具备快乐生活的能力，孩子才能在真正愉悦的环境里成长。父母应该向孩子传授驾驭情绪的方法，要求自己做管理情绪的表率，就像告诉孩子坐车要系好安全带一样。我生气的时候，要求自己不摔打东西，不恶言恶语，不摔门而去。你希望孩子将来用以上的方法表达情绪吗？如果不，就自己先做到吧！

从 P 小学时候起，我就嘱咐他，要学会好好说话，没有好好讲出来的话，家长可以不回应。这首先要求我自己做到。谁都有有脾气、有情绪的时候。这个时候，我要求自己把要说的事情放一放，等冷静了再讲。因为，如果想要孩子将来怎样，自己现在就要怎样。随着 P 长大，也有了自己的个性和脾气，每次，当我发现他情绪不对，就会提醒他：好好说话，做不到就宁可先不讲。这是我们两个之间的约定，慢慢地，形成了默契，形成了习惯。

家庭教育篇　家长是孩子的规划师

和孩子一起散步，也是舒缓情绪、增强亲子关系的好方法。我们住在西苑的时候，常常在晚饭后，到海淀公园散步；后来住在畅春园，去的是资源中学对面的小公园。散步的时候，不需要谈论什么严肃的话题，随意、有趣就好。

在车上也是很好的机会。如果家里有一个长大了的男生，也许这是家长少有可以和孩子在一起的时间。处于青春期的孩子并不难交流，只要你始终保持交流的姿态，而不是质问的态度。事实上，我几乎没有觉察到 P 的青春期，没有那么明显。当他长大了，我就有意慢慢降低自己的好奇心，我跟自己说，每天发生在他身上的事其实都是平凡的。当我慢慢显得多余时，P 自然就茁壮了。

我曾经读过一本名叫《如何说孩子才会听，怎么听孩子才肯说》的书，当时觉得真受益，一边读一边想，我自己小时候要是父母也懂得这些该多好啊！虽然那个年代没人讲究什么情绪啊、感受啊，但是拥有做教师的父母，还是让我感觉自己比别的小孩幸福。父母一个是幼教老师、一个是大学教授，我开玩笑说，你们没人研究过青春期教育啊！当年，也有几件让我小小心灵受过伤害的事，记忆犹新。这么一想，突然觉得自己可以完全站在 P 的角度，感受他的心境了！不管 P 的情绪是积极还是消极，我都会尽量让自己进入他的情绪里，然后再讲话。比如，你今天不太顺利吧？或者，看得出来你不开心，等你想讲话的时候再来找我。这让 P 知道，妈妈能接受他的情绪，会给他时间和空间，等他情绪好了，再好好地讲话。

P 小的时候，如果我累了，会告诉他，他会帮我踩背；我做错了事情也乐于跟 P 反省自己，从不掩饰。我会坦率地向 P 认错，比如开车走错路了，忘记带什么东西了等，就是想让他知道，成年人不是神，也有

— 37 —

犯错的时候。犯错不要紧，坦率承认并及时修正就好。我认为会认错的人，一般是有担当、有责任的。所以，P从来不畏惧承认错误，从来不在这类事情上费心思。

另外，情感的交流一定是相互的，我也常常把自己的喜怒告诉P，会很经常地与他交流一些自己工作中的人和事。那些好玩的事，他会跟我一起笑；那些不顺利的事，他多半是静静听着，上了中学以后也会时不时地说几句他的观点，有时候是赞成，有时候是批评。随着P年龄增长，我越来越在意这种情感交流。我觉得他现在很会关照别人的内心，也很会跟朋友分享自己的快乐，很会去分担朋友的烦恼，这令我很欣慰。

成人要纠正孩子，是很容易的事情，但要能一贯地鼓励和欣赏孩子（特别是当他调皮捣蛋、不可理喻、气得你想去摔东西的时候），就很难。鼓励和赞美的语言拥有神奇的力量，当然，鼓励也好、赞美也罢，要言之有物。只是为了夸而夸，带来的一定会是负面引导。

这样做，可以有效地向孩子传递如下信息：总有更好的解决问题的方式。我相信，从小就被教导如何解决问题的孩子，会积极地帮助别人，而不是简单的指责；积极地解决面临的问题，拥有更好的社交能力。在公平、民主的环境里成长起来的孩子，会更加主动地解决问题。

体育教育篇　每个孩子的必修课

体魄和精神的磨炼

回顾 P 成长的这些年，体育运动对他的影响可谓巨大而深远。确切地说，P 的成长教育，就是体育教育的过程。

体育运动对 P 而言，关键词就是 have fun，自始至终充满乐趣。在学前阶段，各种昏天黑地的玩，虽以孩子的兴趣为导向，但家长要提供各种领域的玩的机会，最好跟孩子一起玩，要玩得专注，避免所有项目都浅尝辄止。做一个耐心的陪伴者和细心的观察者，保证孩子的体验从始至终都充满乐趣是家长的职责。先帮助孩子养成乐意尝试和参与的习惯，随后寻找适合的内容和环境。在广泛尝试后，选定长期参与的项目。从这时候起，给孩子树立一个观念——要持之以恒。

如何选择运动项目？当然首先要考虑孩子的身体条件，孩子的体能和智力一样，都不能过度开发，不可心急。我要强烈推荐的是团体运动项目，孩子在团队中学到的，远远超越项目本身。他的合作能力、情商、友谊、领导力都可以从中获得。

永不放弃，是所有运动项目的共同精神。这不是一个口号，而是一种信念，继而发展为一种惯性、一种心态，最终转变为人生态度。P 在

侃侃儿谈

北大附小棒球队,烈日炎炎之下两队相持不下,我攻你守,一垒一垒地攻城拔寨,不急躁不退却,是永不放弃;在渥太华,队员短缺,长时间无法轮换下场休息,咬牙坚持,只要在场上就是战士本色,是永不放弃;在香港,面对强劲对手,拿着不顺手的球杆,果断起拍射门,是永不放弃;在冰球社团活动中,想方设法找赞助、找场地、招募队员,最终使 101 中学成为首个开设冰球选修课的学校,是永不放弃;建设冰场的提案失败后,深入思考,创办"侃侃 sports"运动组织,坚决要把体育精神分享给更多的年轻人,还是永不放弃。

让孩子以严肃认真的态度去参与运动,收获的是坚韧不拔的人生态度和满满的自信。

侃侃 Sports

当 P 长到 18 岁,他的心,比天还大。我在这里只想说一句:18 岁的我,思想没有 P 那般自由,这是我们最大的区别。当他初二暑假从斯坦福学习归来,第一次跟我谈到"自由"时,我就知道他所说的是心灵的自由,是激扬的青春和任意驰骋的自由。

他说他想做一件"有意义"、能为他人带来"好的影响的事"——创办一家体育项目推广公司即"侃侃 Sports",在 P19 岁时已是"侃侃 Sports"的 CEO。"侃侃 Sports"的初衷就是想让中国的同龄人能够接触到更多的体育项目,比如橄榄球、棒球、飞盘、冰球等在欧美青年中很流行的运动项目,其中还有一个重要目标就是在运动中学英语。这些运动项目的教练和学员很多是外国人,大家需要用英语沟通,"侃"在中文里就是漫无目的聊天的意思,大家在运动中,以最实用、最轻松、最生活化的方式来学习英语,练习口语。

"侃侃 Sports"的创意，是否在 P 的脑子里酝酿了很久？到底是何时萌芽的？在创办 101 冰球社团的时候，在建设冰场的提案失败以后，在 101 开设冰球选修课的当口，在申请大学时对自己的各种挖掘和反思之间？我不得而知。目光所及的是，事情水到渠成，一步一步发展到如此，P 也是一步一个脚印扎实走过来的，从九支球杆开始，由小做大，想法由模糊到清晰。我和他爸爸在"侃侃 Sports"的创办上，没有帮过他，都是 P 和他的朋友们齐心合力白手起家。真正是仰望星空，脚踏实地，最终实现了这个梦想。不积跬步，无以至千里。

在我看来，当一个人开始思考自己存在的价值，开始好好对待自己的生活，开始不仅对自己、也对别人负起责任的时候，最基本的教育使命就完成了。

LOGO 的设计

"侃侃"要设计一个酷酷的 logo，P 最先想到的就是龙的形象。他少年时期的冰球队就叫 Dragons，他对龙情有独钟。这条龙既不能太传统，会与"侃侃"的创新精神格格不入；又不能太卡通，与"侃侃"面对的客户群不搭调；还不能太凶神恶煞，与"侃侃"倡导的"运动即社交"理念不相衬。

我求助于朋友吴刚——规划设计师，《照明设计》杂志的出版人，我的校友。P 自己跟吴叔叔交流，讲解 logo 所要承载的含义。他吴叔真是太给力了，几经修改，设计完成的 logo 让"侃侃"的创始人和我都眼前一亮。设计说明如下：

"侃侃 Sports"以其鲜活的形象体现体育的自信和毅力，用紫色搭配黄色体现活力，两种颜色的互补增进彼此，紫色为底，更加突出主题信息，稳重又带有神秘色彩。

那一段时间，P找了很多人聊，就是聊。这些人身份背景年龄各异，P在各种碰撞交流中逐渐清晰自己的思路，明确了"侃侃"的运作模式。最终，Mark（冰球教练）和P一起成为"侃侃Sports"的创始人，教练班子也得到了基本确定。

推广和招生

在不声不响当中，P建立了"侃侃Sports"的网站，订制了T恤衫，印刷了第一批海报和宣传单，尽一切可能，在各种渠道发布信息。

由于出差，我没有赶上"侃侃Sports"的首秀，万分遗憾。后来在一个周六的下午，我来到清华的球场，远远的看到巨大草坪上，几十个人正在投飞盘——这就是极限飞盘（Ultimate Frisbee），P在初二暑假于斯坦福大学首次接触到的。当天有三名外籍教练，两男一女，学员从初三到高三都有。训练进行得有板有眼，全程英文。金牌教练Chris给学员们定了三条规矩：English only；Sportsmanship；Hard work and Fun.

那天还偶遇来采访P的*China Daily* 的新闻记者孙晓晨，从他口中我才得知，P说每一次招生"就像脱一层皮"。闻听这话，我心里狠狠地酸了一下。这大半年以来，P从来没有提过辛苦，没抱怨过一个字。创办"侃侃"，居然没跟我要过一分钱，所有问题都是自己想办法解决。想想冰球社团刚刚成立的时候，P想到的支援首先是父母。不到三年的时间，经历了建立冰球社团、开设冰球选修课、筹建校内冰场等尝试之后，他已经具备了独立"觅食"的能力。

再小的创业也是艰辛的。孩子的潜力就在那里，而我们的职责就是发现、引导和鼓励。与此同时要让孩子知道，我们坚信他们的梦想一定会实现。

通过篮球，爱上艾弗森

几乎每个男孩儿都爱篮球，爱 NBA。101 中学有 12 块篮球场地，这太奢侈了，孩子们太幸福了！在篮球场上，P 是后卫，他喜欢传球，他的篮球偶像是艾弗森。P 在班级球队里是组织后卫，在控球、传球之间组织全队的进攻防守，虽然得分不是最多，但是不可或缺。

本书成稿之前，艾弗森宣布退役。他留给 NBA 的终极答案是：不要学我，要做自己。他只有 1 米 83，却在如林长者中从容得分。4 次得分王、3 次抢断王，却始终未曾拿过总冠军戒指。他说："我是不爱训练，但是我把每场比赛都当成最后一场来打；我没有得到总冠军戒指，但我努力争取了。"任何一个领域都有偶像，喜欢篮球的孩子们一定能从球星身上学到东西。P 喜爱的球星我也关注，我还买过介绍艾弗森的书。纳什、姚明、詹姆斯，我跟着 P 一起追星。学习他人的机会无处不在，如果家长参与其中，更能帮助孩子在他喜爱的领域中收获更多。

关照他人和团队精神

独生子女的家庭结构让孩子们必然成为家庭焦点。说孩子们不懂得照顾别人、体谅别人，我们家长给他们提供这样的环境了吗？

在任何一支球队，只关注自我的人都是无法生存的，球队里的第一法则就是团队合作。如果真正把球队当成一个整体，那你一定会为队友的球技喝彩，为队友的挫败惋惜，发生在队友身上的一切你都会感同身受。去关照队友、和球队荣辱与共就是自然而然的了。"守门员是后卫的女朋友",太形象的比喻啦!孩子在球队中,可以学会关照别人的感受,学会适时地鼓励、抚慰队友;在生活中,他同样把这种关照发散到家人、朋友身上。这方面我做得没有 P 好,要向他学习!

社交平台

P 在球场上经历的,是在平静的校园生活中永远无法涉及的。球场上,赛况惊心动魄,跌宕起伏,怎一个刺激了得!防守反攻,金戈铁马的气势,恍如征战在疆场;球员杀进杀出,壮士气断山河的豪气,与现实生活格格不入;球场上的挫败,是成本最低的挫折教育。

共同拥有如此经历的队友,很多都是 P 的挚友,来自各个学校、各种国籍的朋友搭建了 P 的社交圈子。特别是高二进入了成人冰球队以后,成年队友们更是扩大了 P 的社交平台。热爱体育的人大多是健康积极的,我相信他们带给 P 很多正面的影响。后来,P 创办"侃侃Sports"运动组织的时候,他要与机构、学校谈合作,要用网站和社交平台做推广,要租用场地、雇用教练,还要跟家长打交道。是冰球让他有机会接触到超越学校范围的人和事,比同龄人更早地学习与成年人沟通,学习进入社会,接上"地气儿"。

聪明地打球——Play Smart ("侃侃Sports"的口号)

伟大的冰球选手韦恩·格雷茨基(Wayne Gretzky)被问到如何在冰上跑位,他回答说:"我滑向球下一步的位置,而不是它现在的位置。"

会打球的队员都是聪明的,他们懂得制定策略、运用战术。在形势瞬息万变的球场上,P学会了控制情绪,总是用冷静的头脑做出判断。好的东西都是相通的,磨炼提升自控能力和果断决策的能力,赛场是最佳场所。P的传球通道理论,让他领悟到了看准时机、果断行动的重要性;利用球场护板改变球的线路,让他领悟到了条条大路通罗马,解决问题的方法是多样的。

冰球是寸土必争的比赛。要把对手一寸一寸地赶出守区,在比赛结束的时候,由一步一步的小胜利达到最后的大胜利。生活中何尝不是如此?每一点小的进步,最终一定指向一个更高、更宽广的舞台。不管是什么运动,只要深入地参与其中,一定会体会到运动的真谛甚至是人生的哲理。

棒球队的各种集训

北大附小的棒球队在北京市小有名气,且教风严格。陶老师、薛老师两位都是P的恩师,他们最注意锻炼孩子的体能,培养他们的团队意识;纪律严明,凡是不能坚持训练的都会被淘汰。P从二年级的下学期加入棒球队,一直到六年级毕业前"退役"。从一名小小板凳儿队员成长为棒球队捕手兼队长,其间,多次参加各级赛事,还曾经两次赴日本交流比赛。在这支校级球队里,P接受到了专业、系统的棒球训练。

三年级寒假,P第一次到石油大学参加集训。一周之后我去看他,他拉着我的手,一路走到宿舍,让我坐在他的床上,把我带的桔子给每个队友的床上放了几个,然后说:"我想回家。"我笑嘻嘻地说:"你再坚持几天……"其实当时心里像被小刀割一样,但还是忍住了。要锻炼孩子独立,必须得经历分离,这时候只要我"轻描淡写",孩子肯定是可以过这道坎儿的。果然，小情绪被"忽略"了以后，P还是比较顺利地坚持到了训练结束，第一次离开家接受集体生活的考验，我们两个人，都顺利通过了。其实只要家长稍微坚持一下，孩子是可以挺住的。

孩子参加体育训练，受伤在所难免。小学那几年，我最怕接电话，也最经常接到学校医务室的电话！

三年级的暑假，球队在烟台集训，训练刚开始，P在触地上垒的时候和对方相撞，手骨折，打了石膏。他白天在电话里说："没事，不用回北京，我不上场，看着大家训练也挺好的。"当天晚上再通电话的时候，就哇哇地哭，说："我要回家。"我说："你在哪儿呢?"他说："在卫生间。"这时候就听陶老师喊："你在里边干嘛？开门!"我这个乐啊！这次我倒是没怎么难过，想来自己也成长了。朋友听了这一段儿就问："你怎么笑得出来？有你这样的妈么?!"其实我心里明白，早就过了那个"捧在手心都怕化"的阶段。我乐，是因为看着一颗小树歪歪拧拧经历成长的磨难，心中有它未来参天的样子，知道自己终将仰视它，我既是亲历者又是局外人。而且，在厕所里哭，确实好笑呀！

回到北京，该拆石膏了。我们去积水潭医院，大夫拿出工具——1把电锯，电源一开，嗡！P掉头就走，没的商量！这是在上演现实版的"电锯惊魂"啊！到了午夜，只见我拿着一把小小裁纸刀，愣是靠着铁杵磨成针的精神力量，锯开石膏，解放了那只手。

成长，必经小小的痛苦，孩子和家长都要承受，家长的心态尤为重要。如果说孩子和家长是一个团队的话，家长的心态是会对孩子产生深厚影响的。看看摔倒的小孩子哇哇大哭，也许孩子并不疼，是旁边大惊失色的家长提醒了他："事情一定很严重，我应该很疼，应该要哭。"如果家长说，没事儿，爬起来得了，不要紧小意思，孩子自然也会心态轻松，很容易就过了这一关。

关照小队友

在小学阶段，四年级就算进入高年级。我发现 P 开始懂得照顾球队里低年级的同学了。每逢周末有比赛的时候，P 都会嘱咐我："带箱水，买些冰棍儿来看比赛吧！"暑假里，球队在平谷训练，我去接他的时候，同宿舍的低年级队员告诉我说，P 很关照他们，还经常叮嘱高年级队员不许欺负新人。球队是一个大家庭，孩子们天天训练，朝夕相处，P 把球队里的小队员当成自己的弟弟，去关心和照顾他们。这就是北大附小棒球队的好传统，新人总是受到更多的关照和保护，就这样一代一代地传承下去。这也是为什么一支好校队可以长盛不衰，一支队伍不仅训练球技，也育人不倦。

去日本打棒球

非常幸运，五年级、六年级时，北大附小的棒球队因为成绩优异，连续两年受邀到日本去访问比赛。那时候，P 已经成长为球队的队长兼捕手。五年级暑假访日归来，P 对日本的印象好到天上去了，什么都赞！我马上发觉该让他学会用历史的眼光全面地看待事物。小学里没有历史课，于是我劳驾自己中学时代的历史老师陈瑞勤先生出马。我先跟陈老师聊了一次，表明我们这代人对日本，特别对抗日战争和日本在经济上跟中国的关系有不同的情感和理解。同时，我承认自己对日本是有偏见的，不适合做讲述人。陈老先生是何等人物，经他深入浅出这么一介绍，武士道精神、明治维新对中国革命的影响、二战时期的军国主义、中日民间的历史渊源、二战后日本的重建和复苏,如此种种,P对日本的了解更加全面了。最后,陈老先生告诉P,出去以后要好好看,用心思考,因为好东西都是相通的。

P六年级时就能带着更理性的眼光去看日本了。通过对历史的了解,P看到了过去的世界;通过自己的亲身体验,P看到的是鲜活的民间的日本。他们在日本小学访问比赛,参与日本小学的课堂学习,和日本学生一起运动。在日本学校用午餐时P看到:学生的餐食营养丰富均衡,所有的服务都是学生自己做,用餐完毕所有学生自行打扫卫生,一切都井然有序。跟日本小学的棒球队进行比赛,P首先感受到,棒球选手在学生中基本到了受膜拜的程度,而且学生们真诚地给两边的球队加油。另外,女生们对外来访问的球队格外热情,当他们离开的时候,小女生们骑着车追着球队的大巴相送,有照片为证。

有一个日本女生叫久米,她是日方棒球赞助商的孩子,小球队访日的时候她全程陪同。虽然后来P上初中的时候她已经到美国读大学,但这份友谊一直维持到现在。

六年级赴日访问时,孩子们有幸在著名的巨蛋体育场打比赛,这对职业棒球手来说是一块圣地。P说他站在巨蛋球场上的时候特别紧张。也就是在那次,他获得了"最佳选手奖"。赛后,主办方安排了大牌职业选手亲自调教学生们。

忘了是哪家报纸曾经采访过北大附小的棒球队,题目是"棒球小子"。照片上的捕手就是P,他蹲在地上,戴着接球手套,头盔后面的表情严肃,眼睛紧紧盯着对方投手。P上了一回报纸,却戴着头盔,没露庐山真面目。

P在棒球队最大的收获就是练就了一颗强大的心脏。如果你是一名

体育教育篇　每个孩子的必修课

捕手，当球高速飞来的时候，你需要在瞬间准确判断好球还是坏球，接还是不接。这种快速判断能力，是经过上千次的练习锻炼出来的。据说，一个气场强大的捕手，能给投手造成极大的心理压力。做捕手，培养了P的果断和自信，投手发球之前，双方已经进行了心理上的较量，心理素质就是这么历练出来的，人生的经历也是这样丰富起来的，这都是在常规的教学中无法获得的。

很多人会问，是不是用在学习上的时间少得太可怜啦？

当多数同学课后和周末奔向各种培训补习班，大班、小班、一对一通通"招呼"的时候，我心里也是惴惴不安的，也怕P的成绩落后。但我还是大着胆子，一边让他尝试体育训练，一边严密观察他的课内成绩。后来我发现，他的听课效率、作业完成效率都能使他稳定在班里的中上等；屈指算算付出的时间和获得的成果，性价比挺高啊！于是窃喜，支持他坚持棒球训练，后来还加上了冰球。P可能不知情，他以为我就是大撒把，其实我是一只眼睛看学习成绩，一只眼睛看体育运动，整个状态是外松内紧。现在想起来，这个大方向，于我们家长，是大胆的冒险；于P，是难得的奢侈。幸好，他很好地利用了奢侈的机会。他从体育运动中，收获了与众不同的人生财富。

曾经的队长

6月12日我校2~6年级全体棒球队员在"百草园"为即将毕业的严斯皇、丛沛恩、丁子强、单乐濛、吴昊五名老队员召开了欢送会。在会上教练薛老师对五名队员在过去几年里的训练情况进行了总结，充分肯定他们为学校做出的贡献，在训练期间刻苦认真的精神要发扬下去，在今后的学习中取得更优异的成绩。同时也激励小队员向他们学习。五名老队员分别发言，激励小队员要在训练中不怕吃苦，虽然是短短的几句话却表达了他们对小队员的祝愿。小队员听后个个精神振奋，纷纷表示要好好练球，像他们一样为学校争光，4~5年级的小队员还代表大家向他们赠送了纪念品。祝愿他们在新的学校学习进步，不要忘了常回来看看！

聚散在我们的生活中是常有的事，但是懂得珍惜就会体味出快乐！

那天电话铃声响起。"喂，哪位？"我习惯地问着，电话的那头传来似曾熟悉的声音："陶老师，是我丛沛恩！"一时间我有些兴奋，片刻后就开聊了，我介绍了我的现状，他又把他现在的情况简单地说了一下，我们约好过两天他到学校来看我。

丛沛恩对棒球的热爱和执着的追求，让我真的没有想到。那天他从国外回来，到学校找我，谈起了他对棒球发展的梦想：在大学成立棒球俱乐部，让更多的人加入进来。大胆的设想得到了家长和我们这些教练的认可和支持。我在网上经常看到他在操场玩棒球的身影，我为他骄傲、为他自豪。

入队情景

二年级招收新队员那天丛沛恩没有参加测试。一周后当我们在操场训练时，他在妈妈的陪同下来到操场，表示想加入棒球队。他告诉我他现在正在练习冰球，意思是参加棒球训练从身体素质上应该不成问题。我对他进行了跑、跳、投三项测试，其中只有投过关，立定跳远1.37米，显然太近，30米跑没有计时，我只是看了一下跑的动作：塌腰、驼背、明显的脚跟着地，丝毫看不出发力。"对棒球运动有兴趣吗？"得到的回答很肯定，沛恩明确表示能坚持练。接下来的一个月训练我有意识地练他的体能，别的队员可以拿球练习，但他不行，就是练跳、跑等各种移动，对于一个孩子来说，这样做感觉是不公平的。一训练他就撅着嘴，勉强完成各项任务，并不时向其他队员投去嫉妒的目光。好在丛沛恩坚持了下来，通过一周三次的体能锻炼和一次冰球课的练习，很快他的身体素质有了提高，跑步的动作标准多了。终于摸到了棒球，他兴奋地蹦了起来，真正的棒球训练就从这时开始了。

训练感受（投、接手的争夺）

"如果没有自信，就没有勇气站出来充当大家的领袖，争取本来属于自己的机会，也无法发掘自己的潜能。"在丛沛恩他们练球一年半之后，队里面临新老交替，准备培养新一轮的投、接手。队员们都清楚投、接手是一个队的灵魂，球队比赛输赢的关键，个个都在暗下决心想成为新一届的投、接手。投手的要求是心理素质稳定，投球快、准、灵活，在当时的情况看来丛沛恩的心理素质很好，但在灵活性上稍微弱点儿。一次训练后我把他留下，就投、接手问题进行谈话，没想到的是他居然选择了做接手。之后的两天我仔细地回忆着他在训练中的表现，认为他成为接手是可能的。一、在队里，他的各项技术是大家认可的，平时训练的一些日常组织工作积极主动；二、不间断的冰球训练对增强他的腿部力量起到一定的帮助；三、思维比较敏捷，对场上的各种局面判断准确，能很快做出反应。沛恩作为接手的训练就这样开始了，蹲跳、跪跳是他训练中常做的项目，腿痛、膝盖痛是常事，他为了成为一名好的接手努力着、拼搏着，夏天再热，面具、护胸、护腿都不能离身，他没有因此退缩。

学生的体育训练和学习永远是一对矛盾的事情，家长和任课老师总是认为训练时间长了会耽误学习，课后训练完了回家没时间写作业。可在沛恩身上我没有看到这些，他为了下午能保证训练，总是利用中午时间把作业完成。几年的训练和学习在他身上从来就不是一件矛盾的事，反而相互促进，球练好了，学习也没有耽误，真可谓是"专心地学习、痛快地玩"。随着训练时间的积累，他凭借自己的不懈努力，完全胜任了接手的角色，果断的判断、坚定的自信使他带领球队在比赛中取得一个又一个胜利，应日本RBA棒球俱乐部邀请进行交流访问期间，他出色的表现赢得了日方好评。过硬的球技和宽厚待人的性格，使他成为了队员心目中努力的方向和学习的榜样，他也因此被全队推选为队长。

集训中成长

棒球运动是一项集体项目，它需要队员之间建立很好的默契，为此，我们球队逢寒暑假，就会拉出去集训。大家在一起吃、住、训练，像一家人一样相互关心，共同提高球技。沛恩是从三年级开始参加外出集训，小小年纪离开父母独立生活确实不容易。由于队员较多，教练不可能手把手地照顾每一个队员，穿衣、洗漱都靠自己完成。回忆起当时的沛恩来到石油大学宿舍，提着半人高的旅行箱吃力地走上三楼，放下东西后又转身下楼帮助别人拿东西，我看在眼里，晚上队会时我表扬了他，并让他担任宿舍长。其实外出训练，提高训练水平是一个方面，更主要的是锻炼队员的自我管理能力，加深队员之间的默契，用包容的态度去处理队员间的矛盾。由于他们的年龄小，外出集训免不了出现想家的现象，很多孩子在第三天左右表现比较明显，只要坚持下来、战胜自己就没事了，我们教练很清楚这一点，总是在此时安排一些趣味比赛或外出游玩儿的项目，来调整孩子的情绪。说起想家这事沛恩也不例外，他年龄虽小但很要面子，可能是因为第一天得到表扬又担任宿舍长的原因，总是能听到他跟队员们说："别哭了，今天已经是第几天了，再过几天就回家了。"我和另外的薛老师寻思着，他也是第一次出来，表现真好，在队会上又一次表扬了他，鼓励别的队员向他学习。几天的集训生活很快结束了，队员们都顺利地闯过了这一关。回来之后跟队员聊起集训时的情景我才知道，有几个晚上沛恩上床后睡不着，想家，自己默默地流泪，但是没有跟教练说，更没有因为自己的情绪影响到同宿舍的队友，自己努力地坚持着，他战胜了自己！以后的几年里，每次外出他不但安排好自己的生活，还协助教练做好队里的工作，照顾好小队员，打饭时永远让着小队员，在队员心中是名副其实的哥哥，称职的队长。就是这样从小的锻炼为他今后的生活打下了坚实的基础，住校、出国学习都没能成为他发展的障碍。为他的独立成长鼓掌、加油！

陶建利

＊陶建利：北大附小棒球队教练。

冰球菜鸟入门

非典期间，学校停课。P在家里哪里待得住？正是这个时候，同班的同学家长老唐组织孩子们打冰球，就是这次机会，成就了P跟冰球的缘份。我们先去观摩了一次训练，场上都是同龄的孩子，虽然滑得还有些歪歪拧拧，但基本上能打比赛了。P表现出兴趣，于是就开始上冰了。打冰球的门槛不低，P的第一套装备是跟人借的，因为我并不知道他是否能坚持下去。我们两个有言在先：先买二手装备，第一个赛季坚持下来了，再置办新的。P认真地答应了。这么做，就是为了让孩子知道，家长给他的每一项投资都是认真的，他的崭新装备是要靠自己努力挣的。

有轮滑的底子，上冰滑行非常顺利，P稍微适应了一下就拿杆上场了。其实这是一个错误，错在拿杆太早，脚底下的基本功没练好，后来我们又花了好多工夫纠正脚下动作。这个以后再表。

穿护具对小学三年级的孩子来说不容易独立完成，特别是冰鞋，如果鞋带绑得不紧，脚很容易受伤。开始打冰球以后，我只是在第一个赛季帮助他穿装备，每次穿好后我都全身冒汗。第二个赛季开始，我更乐意看着他满头大汗地穿装备、绑鞋带。打球不是自己的事么？

其实刚开始冰球于P玩的是新奇，热闹劲儿一过，P和我都知道，打冰球跟打棒球一样，需要下功夫系统训练。在北京要说上冰可没那么容易，市内的冰场把正常营业时间给了玩花样的，轮到玩冰球的，都是一早一晚最不讨好的时段。北大附小的棒球队是几次训练不到就除名的，我借用了这个思路，跟P约定："要是你不能持续训练，就说明兴趣不大，兴趣不大就没有必要勉强，我们还可以换一个项目，但是一旦找到了自己喜欢的项目，就要持之以恒。"所以，P从决定打冰球起，就是认真的。

冬天练球比较痛苦，周末早上六点半的冰球训练，算上路上和穿装备的时间，基本五点就得起床。我跟自己说，坚持一个冬天！由于有"三次错过训练就放弃"的约定，叫P起床还不算太费劲。到了冰场，天还黑着呢，打完球出来，已经是艳阳高照，通常狠狠搓一顿之后，回家写作业。到了第二年的冬天，我已经不用上闹钟了，是孩子把我从热被窝儿里拉出来：P已经彻底迷上了冰球。

家里没人会打球，更别提冰球了。那时候，我们都不知道北美的NHL，甚至没有看过任何正式或非正式的冰球比赛。

我在场外看了半年，眼睛才能追上快速的冰球。

我们有个经典对话：

——"儿子，你怎么不追球啊！"

——"妈，我是后卫，不能乱跑。"

什么比赛规则、训练方法，当时一窍不通。后来觉得这样瞎玩不行啊！毕竟民间的球队跟北大附小的正规军不同，比较松散，缺乏系统的训练，要玩出名堂就得自己规划。我们请了教练，从脚下基本功练起。有一段时间，P经常到地坛附近的一个速滑场地练习滑行，P和教练都满身大汗，头上呼呼冒白气；我虽是全副武装，还是感到寒气进到骨头里，就这样陪着。为了能自己练习，节省一些教练费，P学什么，我就听什么。教练在场上讲，我在场外记，把技术要求、训练方法都记在小本子上，回家帮助P复习。练得差不多了，就再请教练上一次冰。

P那时候师从潘教练，主要训练滑行。前文说过，P当初上冰太快，基本功没有练好，指的就是滑行。在冰球比赛中，如果运动员的滑行不过硬，那么其他的技术动作基本都实现不了，如果你追不上对手，所有技巧和战术都是空谈。听人说，当年在国家冰球队里，滑得最快的是前锋潘玉强，我记住了这个名字。

机缘巧合，适逢潘教练在北京休假，P有幸得到了他的指导。训练场地在地坛的速滑场，专练滑行。那段时间P真是累惨了，算是见识了什么是科班训练。从起跑开始练，练蹬腿的动作，练弯道压步……到后来，P跑圈儿的速度比训练之前提高了十几秒。接着，潘教练又说了："你是后卫，后卫得练倒滑，你倒滑的速度得跟得住对方前锋进攻的速度，否则怎么防守呢？还得练急停，要做到随时停住，随时起动！"就这样，练了整个夏天。当潘教练回哈尔滨青年队任教的时候，P的滑行技术已经今非昔比。

P练冰球，没有棒球那么省心，训练的计划都得自己操持。

美国教练开小灶

P初中的时候，赶上美国国家冰球队的教练来华给中国的教练员培训，由于P和其他几个孩子可以跟美国教练交流，可以帮助教练在冰上实现训练动作，所以就"混"进去了。这是P自从打冰球以来，第一次听原汁原味的冰球课，收获实在是太大了！在思想方法上的收获，远远大于技术层面的。以下是一些当年的笔记。

凡事先端正态度，在冰上训练的态度应该是：完成练习动作后，全速返回起点（传球的方法：先扫、后击，手腕抖动，扫冰，传球以后，球杆不能撩起来。传球讲究传得舒服）。要永远看着场上拿球的人。后卫拿球以后，有三种选择：一，往前场打或者传；二，横传；三，向后场带球，控球的同时，寻找传球通道。后卫没有90%的把握，不要与对方的前锋争球，不要扑球，否则很容易把球漏掉（后卫防守时，中区最重要，应防内侧而不是外侧）。一对一的时候，需要头脑、身体和用心（head + leg + heart），这跟剑术里的人剑合一如出一辙。后卫与对方距离少于一杆时，防守的困难较大，这时候，要有主动进攻的精神（蓝线守不住时，要守争球圈的定点）。后卫与守门员的配合：后卫盯无球的人，守门员看有球的人，形成一打一的格局（进攻的时候，无球的人要与有球的人跑交叉，如果两人在一侧，就只相当于一个点。后卫不要与进攻球员纠缠，贴得太近无法防守，要努力推开对方）。后卫防守的原则：永远把对方往外挤，永远向对方施压。后卫要挡住你不想让对方去的方向，让出你想让对方去的方向（充分利用自己的身体和球杆，想办法让对方往反手走。使用虚伪的速度：通过慢速、快速起动、变向和急停，遛对方）。注意支援和接应带球的队员，让他有更多的选择。Keep lower and become stronger：防守时，降低身体重心，加宽身体，使你变得更强大。Make yourself narrow：进攻时，使自己变窄，此处与拳击进攻同理。球杆的用途：用杆去断对方的传球路线，逼对方往底线打，使之失去对球的控制，始终保持球杆在传球路线上。后卫要封死对方所有的传球选择。在抢截对方时，不要迎面去抢，而应滑出角度，不然很容易被对方过掉或传球。对方持球时，防守方不要先动。阻截对方时，眼睛要看对方的胸部，用余光看球，不要受到迷惑，后卫的身体要对着对方的球杆而不是对方的身体。逼对方射门：后卫防守的距离，要与对方不远不近，逼对方在不舒服的位置射门，降低射门的成功率。如果射门的人在中区以外，后卫可以把他留给守门员对付；后卫要去盯那个不拿球的前锋。后卫做到了这一点，守门员才敢上前防守。All the time back check, stay with your girl friend：回防，守着你的"女朋友"——守门员，不要怕对方射出的球。想成为冠军？必要时要用身体去阻挡射出的球，忍受猛烈的撞击和准备受伤。

这些文字简直就是冰上的兵书！这让我们看到了冰球运动的大画面，让冰球运动充满了魅力！从此，冰球对于 P 来说，从术的层面上升到了道的层面。你看，这就是体育教育的一个侧面，在一项运动中，你

侃侃儿谈

参与得越深入，悟到的越多，收获的也越多。这些收获，肯定不仅仅局限在运动本身。P知道，好的东西，都是相通的。

客厅里也能练冰球

我们很快发现，要练好冰球，功夫不能都下在冰场上。而且北京的冰场少，大部分都在郊区，花在路上的时间成本太高了。在潘教练的启发下，我们创造了一套在旱地上练冰球的方法。

"蹲马步"，练脚踝的力量，可不是站在地面上，而是站在砖头上，而且是立起来的砖头，为了模仿球刀的刀刃立在冰上的状态。家里有两块用画报纸包好、胶带缠住的板砖，常年放在P的书桌下面，只要他愿意，看书、玩游戏的时候，都可以站在上面练脚踝，两不耽误。

"拨球"，P管这个叫"炒鸡蛋"，专门在看电视的时候干这个事儿，要点是眼睛务必看着电视，用余光看球，因为冰球场上瞬息万变，根本没有找球的工夫。

"大力击射"，要在旱地实现这个动作比较难。什么地面能光滑得像冰面一样？更头疼的是，要考虑球会射到哪里去，怎么确保"人民生命财产"的安全。看了家附近的几个场地，盘算了几天以后，我奔了二手市场，拉回一块海绵床垫子，裁了一块60×120的有机玻璃板，这就成了。一个暑假过去，新的赛季开始，P一上冰，小伙伴们都感叹："你怎么练的，怎么老能抢到球？好像胳膊比别人长，你怎么那么大劲儿啊？球传得真远，滑行的姿势也漂亮了呀！"

俗话说，练什么，悟什么。这些土法子，都是在P小学期间悟出来的，虽然是以家长为主导，但是，这种"功夫在戏外"的钻研、"台上一分钟，台下三年功"的坚持、"草船借箭"的聪明借力的方法都被P

学到了。等他后来上了中学，成立了自己的冰球社团，开设了冰球选修课，直到再后来创建了自己的运动项目，这些同理可推的方法，被他成功地运用、升级……好的东西是相通的！

坚定不移的后卫

小队友们都争着打前锋，很好理解，前锋的责任是射门得分，更有成就感。每次比赛结束，大家都议论今天自己又射入几个球。我观察，P好像无所谓，可能是因为从一开始我们就不以射门得分论英雄。这就像你见着一个学生就问人家分数和排名一样，运动不是只关乎胜败，特别是当孩子年龄还小，当他正在学习参与某项运动时，胜负并不是最值得关注的事，他获得的体验和掌握的技能才是值得关注的。在球队里，没有哪个位置是次要的。对于团体项目来说，学会团队合作显然更加要紧。

在这样的大氛围下，P并不急功近利。他打球有一个特点：当他带球进攻的时候，如果看到哪个队友的位置比自己更好，他就会果断传球。因此，教练评价他是为整支球队打球的。听到这个评价以后，我大大地鼓励他，所以，自始至终，P一直就是一个坚定不移的后卫。也因为这个，P在练射门的时候，基本是练远射。

冰球圈有个说法——守门员是后卫的"女朋友"，后卫负责保卫守门员。P曾经有一个"野蛮女友"——Etie，一个法国裔的加拿大小守门员。Etie脾气火爆，被对方进了球以后，经常摔杆、砸门，越是急躁就越是丢球。我观察到，P在球队失分以后，一定会过去拍拍Etie的头盔，说两句什么，安抚这位"女友"。跟Etie相处的一个赛季，让P学会了怎么去关照一位"年轻气盛"的守门员。这种关照后来自然地发

侃侃儿谈

散到了周围其他人身上。

　　作为后卫更要关照全场，关注点在于成就整支球队。这对P后来的人格发展也产生了影响。在一群人当中，他看到的首先是群体，绝不是个体，更不是他自己。家长的说教与激烈的比赛对抗相比，显得那么无趣，球队的凝聚力和荣誉感，队友之间的兄弟友情让孩子自然学会关照他人，关照整支球队。这是参与冰球、棒球这样的团体项目带来的必然收获。我相信，这种收获是在正常的校内学习中无法获取的。想想那么多年，为了去上冰，披星戴月，每次在北京城往返百十多公里——值得。

把握传球通道

　　打球的人都知道，传球对于进攻有多重要。冰球，不论是球速还是球员的滑行速度，和其他球类相比都是最快的。因此，在比赛中，要想抓住有效的传球通道，就要眼快、脑快、手快。再有，就是冰球赛场的护板，利用它的反弹，给传球带来更多的可能性。场上有十名队员和一个球，就是十一个高速运动的点，要玩转这十一个点，需要敏锐的观察力、快速的判断力和精准的行动力。

　　P后来成为一个组织型后卫，他善于传球，善于在瞬息万变的球场上抓住一闪即逝的传球通道，为整个球队组织进攻。

　　球场上的传球通道就是进攻途径。解决问题时，不受思维方式的局限，了解和掌握各种达到目的的方式，这是P从"传球"中学到的。好的东西都是相通的，解决问题的逻辑也是相通的。希望P在未来的人生中，永远都能：看准通道，起杆射门！

冰球故事多，渥太华 Bell Capital Cup

打冰球的这些年，P 经历过几次出国比赛。

好像是小学四年级吧，第一次出国比赛就直奔了冰球之乡。冰球在加拿大好比乒乓球在中国一样普及，冬天里自家后院泼上水就是冰场，这是野冰，不论男女老少，抄起球杆都能来两下子，是绝对的大众运动项目。各种正规冰场数不胜数，几乎所有的学区都有一支冰球队，冰球俱乐部更是运作规范。

一支来自中国的小球队在那里就是西洋景儿！第一场比赛还没开始，《渥太华日报》的记者就到更衣室来采访了。P 一边系鞋带一边跟记者展示自己的队徽，这张照片第二天一早就上报了。第一场比赛小试牛刀，孩子们居然赢了。我们的队伍叫"Dragons"，一些加拿大的小球迷，在赛场外自发给我们助威：Let's go Dragons！Let's go！这场比赛的胜利冲昏了所有人。第二场可就惨了，对方球队在更衣室里大放摇滚，气势先占了上风。我记得很清楚，两支球队同时走向赛场，对方打头儿的是守门员，一个圆咕隆咚的男生，肩上扛着震耳欲聋的录音机，眼露凶光，直直地盯着我们的前锋虎子。友谊第一的中国小将们没见过这阵势，比赛结果可想而知。一胜一负以后，小组赛的第三场至关重要！这场比赛可以用惨烈来形容，因为对方有十几名球员，而我们只有七个。上场之前，教练跟孩子们说："我要改变战术了，调整原计划的换人方法。你们谁累了，坚持不住了就举杆儿，我再换人。"比赛中我们一直处于劣势，后卫和守门员的压力很大。我看到好几次 P 举杆示意换人，教练挥挥手："回去！回去！"实在没人可换啊！比赛输了，终场哨一响，P 就立马四脚朝天倒在冰上，累惨了。赛后，P 被颁予 Hard

Worker 奖，相当于是那场比赛的劳模吧。就这样，Bell 杯之行，止步于小组赛。

胜败乃兵家常事，咱们体验的是过程。只要孩子认真地对待他的比赛，对得起在场上的每一分钟，这就够了，那么运动的过程就是对个性的有效培养。发展孩子个性的不是体育运动本身，而是运动员、教练和观众。家长不仅是孩子的第一位老师，也是他们的第一个教练、第一个裁判。家长的任务就是要保证乐趣和游戏永远能作为一部分内容保留在体育运动中。

其实，孩子们打比赛，我也没闲着，利用每场比赛的机会跟加拿大的家长们交流，目的是了解他们如何安排孩子的课外活动。放学后，他们也给孩子们当司机，不过，不是去上文化课补习，而是去参加各种体育运动或者是上艺术课程。家长最重视的是体育。在他们的观念里，读小学的孩子，积极参与体育运动远比文化成绩重要得多。在参与尝试各项体育活动的过程中，培养了孩子们对运动的兴趣，有利于身体的协调和灵活，既锻炼了身体，又为日后发展打下了基础。同时，在团队运动中，孩子们培养了团队精神，对孩子的成长、今后的学业和事业都起到了积极的作用。父母通过他们的积极参与，来培养孩子的兴趣、勇气和信心。父母带着孩子参加体育活动，在比赛中创造轻松的气氛，不以输赢为目的，更多的是教会孩子如何迎接挑战，积极进取，让他们从中获得成功的体验。

输了球，完全没影响我们旅行的兴致，照玩不误。在蒙特利尔，我们只有一个目的地，造访加拿大的英雄、冰球名将 Wayne 的餐厅。那是一次奇特的用餐体验：餐厅大门的把手是球刀，令人莞尔；菜单都是冰球术语，再次莞尔；吧台播放 NHL 的精彩比赛，真是把冰球元素发挥到了极致。空气中都弥漫着冰球的味道。

这期间，也办了件正事儿。在温哥华，我们造访了 UBC 大学，这是 P 第一次参观大学。我们去了图书馆、学生食堂、教室和纪念品商店。自那以后，借着打球的机会，P 陆续参观过新加坡国立大学、香港中文大学、东京大学。这也许算是预谋吧，几年之后，他自己背着大包访问了几所美国东部的大学。

在北京，我们住在北大西门，经常去北大百年讲堂观摩各种演出，也去听北大的讲座和公开课，P 也经常跟同学去清华打球，对这两所著名学府算是不陌生。借着出去打比赛的机会，参观当地的知名大学，就是让他先从最表层有个比较，早一点对这些非本土的高等学府有个初步认识和比较。比如，他会说 UBC 的食堂比北大的好，居然有沙发，吃饭成为一种休闲了；新加坡国立的图书馆真先进，所有的座位上都有电脑，学生可以任意打印资料等。

在新加坡被罚下场

在新加坡打比赛时，发生了一件让 P 尴尬的事。他球队的一个前锋，随父母移居新加坡，从前的队友成了眼前的对手。他是前锋，P 是后卫，在场上就是一对冤家。因为年龄还小，孩子们还分不清场上场下。P 跟我说，这个昔日队友在赛后跟他翻脸了，责怪他在场上破坏了自己的进攻。这个在成人世界里不是问题的问题，却困扰着 P，受到朋友的指责，他忧心忡忡。这是第一次面临友情的困境，挺难的。我给 P 排解了一下，但是疙瘩没有那么容易解开。我告诉他，发生事情是好事，关键看你怎么去处理。这件事是对友情的考验，是你们两个需要共同经历的，你要做出一点努力。后来，P 主动给昔日队友打电话，兄弟俩才双双释怀了。体育比赛让孩子们提前面对了对抗和竞争，考验和升华了友谊，这是又一个附加价值。

P还遭遇了一个困境。在一场重要的比赛中，双方一直比分紧咬，胜负难分。在比赛还剩最后几分钟的时候，P的急躁情绪反映在技术动作上，防守犯规了，被罚下场一分钟。我看到他狠狠地捶了护板。要知道，这么关键的时刻，我们以少防多，前锋要撤回来补后卫的空缺，而对方士气大振。果不其然，就在这一分钟里，我们被对方攻入一球。等到P重回赛场，距终场时间还剩下十几秒，球队已无力回天，最终失去了继续晋级的机会。P当时的自责和承受的压力可想而知。这个时候，我要是对他说不要紧，肯定是没用的，于是我跟他说，我也有搞砸的时候，谁都有。也可能这话对P来说是一种情绪的缓解，他慢慢地没那么沮丧了。但是P肯定是有反省的，从那以后，很少再看到他因为一分得失而大喜大悲，更多的是一份沉着稳重和大局观念。

如果不是体育比赛，孩子如何有这么多机会体味胜败？体育比赛绝对是对人综合素质的训练，对心理承受能力的磨炼，对情商的提升。孩子们在实际生活中，遇到挫折和失败的机会不多，往往都是一帆风顺（家长们都在有意无意地为孩子铺路）。而体育比赛给P提供了应对失败的机会。比赛中的失利，战术的应用和及时调整，自我情绪的掌控，与队友和教练的相处之道等，无疑都在丰富他的人生阅历，锻炼他的各种能力，催化他成熟。运动让他更早地体验到分享、团队精神以及胜败的意义。

当然，家长要真正放手让孩子独自去体验，不要给予太多的保护、帮助和意义不大的评价。更多的时候，我会选择沉默、留白，让孩子有自己思考、回味、反省的空间。所谓实践出真知，亲身经历和自主思考得出的结论，那才是真理。

孩子在成长过程中发生挫折再正常不过了，引导孩子如何处理这些挫折和意外才是关键。在我眼里，这些意外事件，为引导孩子如何对自己的行为负责，提供了绝好的机会。为什么有许多人成年以后，一旦犯错，会下意识地拒绝承认"我搞砸了"？就是由于从来没有养成为自己的行为负责任的习惯。他们不是迅速指责别人，就是为自己寻找各种解脱的借口和理由。而在球场上，这样的球员是不会被全队接纳的。球场，让P早早地磨炼了自己……面对过失，要真正承担错误，才能不断改进自己。

凶残的香港台风队

在香港夺冠的经历真是惊险。台风队是我们的老对手，球风凌厉，球员们配合默契。他们有自己的冰场，每周有三次训练，和我们每年四个月里每周上冰两次的"草台班子"相比，人家称得上是训练有素，在家门口的表现更是"凶残"。

我们的球队毫不意外地在决赛时"遭遇台风"。不过，我们的啦啦队是一流的，家长们呐喊助威拍护板吹喇叭，什么招儿都用上了。比赛的压力真大！我们的前锋 Conner 非常出众，屡屡破门！可是后卫和守门员也不能丢球啊，要保住胜利果实，否则前锋就白忙活了。看得出来 P 很紧张，因为他打折了球杆。通常，球队处于劣势的时候，也是后卫压力最大的时候。越临近终场就越心急，技术动作就容易变形，加之求胜心切，往往用力过猛，打折球杆就是一个例证。一个队员的爸爸笑嘻嘻地拿着折了的球杆递给我，P 的球杆又折了。耶！这是一个魔咒，每次难打的比赛，P 的球杆一折，我们的球队就会获胜，所以这是一个

"好兆头"。我也回了一个耶！心里想，新新的球杆儿，这么快就报废了！那之后，奇迹真的上演了，P在反攻的时候，看准了一个通道，果断地起拍射门。谁都没有料到他在蓝线以外射门，对方守门员也疏忽了。我离得远，根本没看清，当旁边的队员妈妈狠狠掐了我一下之后，才知道，球进了！

这场比赛的胜利要感谢教练George，他总是那么冷静，不动声色地排兵布阵。赛后，当队员把饮料倒在他头上以示庆祝时，老George依然冷静。

赛后和P交流这次比赛心得，他深刻地领悟到，当形势不利，大兵压境，对方气焰正高时，保持冷静往往是一句空话，所以有能力很好地控制情绪才是王道。而能将情绪管理和运用得有条理且适宜则需要在实战中反复磨炼。

好球员，拿什么杆都能进球

后来，P给我补充发生在赛场后面的故事：话说球杆断了以后，P非常沮丧。当然啦，眼看比赛就要结束，顺手的"兵器"却没了！虽然球队有备用球杆，可是P就是觉得用着别扭，打不起精神。队长Corner眼里不揉沙子，他立马发现他的后卫不对劲儿了。在场间休息的空档里，他拍着P的肩膀说："兄弟，这没什么！我也碰到过这种情况，告诉你吧，好球员拿什么杆都能进球！"这句话，真如醍醐灌顶，一下子就把P给激清醒了。瞬时，杀气又回来了！于是，就如前文所说，P靠着备用球杆，远射得分。

我非常喜欢这个精彩的小故事，非常佩服Corner那句"好球员拿什么杆都能进球"，多豪气，多有哲理！要知道，那时，P 13岁，Corner 15岁。

体育运动就是锻炼人！遇到任何挫折，不怨天尤人，马上调整自己，行动起来。以拼搏为目标，比以结果为目标更能激励人。后者取决于对手的强弱，而拼搏的目标，只要努力，每个运动员都能实现，无论对手是否出色。

家长要协助孩子高高兴兴地运动，艰苦的时候和队友团结一心，赞赏对方的球技，认可他人的成功，力求自己的进步。计分牌上的数字并不重要，确保孩子都可以获得积极的运动感受是正经。家长要陪伴孩子从事体育运动，真正参与孩子的运动过程。认真地观看孩子比赛，赛后一起讨论和分享，抓住每一个有价值的细节，帮助孩子获得正向的运动体验，真正让运动促进孩子的成长。

进入成人队

随着年龄渐长，队友们一个一个离开了球队，奔赴大学。和 P 同一个年龄组的其他队友，要么移居国外，要么因为学业压力放弃了冰球。组不起球队，P 的身高体能也达标了，于是就进入了北京的老外成人队。入队前，他通过了体能、防撞击能力等几项测试。

这是一群死忠冰球粉，他们来自各行各业，年龄大多在 30 到 50 之间，玩了半辈子的冰球。人说"春江水暖鸭先知"，他们是"哪里结冰我必知"。长城脚下有个黄花城水库，那里都有他们的足迹！上了岁数的经不起摔，可他们偏偏爱在场上挑衅。老 Darven 就是一例，P 说 Darven 经常在场上故意犯规，在背后"下黑手"，P 只好笑着躲开。

有时候，P 会跟成人队的队友们去玩卡丁车，玩曲棍球，泡酒吧（每次老外队友都跟我保证说绝对不会给他喝啤酒）。这个队让 P 有了独立跟成年人打交道的机会。这些队友有的是满怀激情的教师，有的是久经商场的老手，有的是搞技术的专业人士，各有各的人生，各有各的精彩。这些对 P 来说，都是无价的经验和全新的体验，这段经历从某种意义上，加速了 P 的成长。他创办"侃侃 Sports"的时候，请的都是成年的外国教练。他跟这些成年人宣讲"侃侃"的运动理念，管理教练们，把训练组织得井井有条。要做好这些工作，都离不开有效的沟通。

孩子小时候喜爱的事情并不一定会伴随他们一生，但专注于某件事情的态度很重要，必须经过父母的引导。P 经过了第一年的过渡以后，一路坚持下来，将冰球发展成为终生爱好。后来，他被伯克利大学录取，我本以为没机会在西海岸打冰球了！谁承想，他很快找到了"组织"，在学校里与一圈冰球球友相见恨晚，每个周末都组织训练和比赛。这种归属感，对国际学生尤其可贵。

孩子如果能表现出在某个领域的专注与坚持，一旦他找到人生的方向，同样会将此种精神贯彻其中。这些年我们共同在冰球上付出的时间，是我送给他的一份厚礼，也是 P 对自己的投资。

冰球社交圈

在 P 打冰球的这些年里，他在跟队友们交朋友，我在跟家长们交朋友。在这两个圈子里，大家交谈的话题首先是围绕冰球，比如怎么练技术，怎么提高体能，赛前应该怎么吃，赛后应该喝什么……因为孩子们来自五花八门的学校，家庭背景和经历各不相同，有如我们一样的地道中国家庭，有"中外合资"家庭，也有纯粹的西方家庭。慢慢地，我发现，凡是"中外合资"家庭，一定会特别注意强化孩子的中文，流利的听、说、读，是大部分家庭的基本要求，很多孩子还特别去学习古琴、琵琶、国画这些极具中国特色的项目。那些西方家庭，孩子除了打冰球外，还会有其他运动项目，比如壁球、击剑、橄榄球等，还有玩架子鼓、组乐队的。这些孩子不但能使用中文流利地沟通，而且有的人还能背唐诗，坐下吃饭时会点铁观音喝，大一点的孩子会跟你聊：谁谁在哪哪儿有什么关系……

冰球同时扩大了我和 P 的社交圈子，让我们有机会看到和自己不尽相同的人，了解他们怎么规划自己的生活。同样的，他们也经常打听中国传统学校的教育方式，问 P 的学校里都提供什么选修课程、学校里有什么球队、升学的规则等。

到了中学，我开始跟家长们探讨如何安排孩子的假期，不是某一个假期，而是整个中学期间的。球队里大部分孩子上的是各色国际学校，假期多得让家长牙痒痒，所以这些家长在安排活动方面特有经验。P 从初一开始，每个暑假都精心规划，直到他完成大学申请。我很感谢球队里的几位家长，给我很多资讯和启发。

深度地和身边的人沟通，认真经营自己的圈子，一定会有所斩获。社交是每个人的必需品，让孩子学会有效社交，学会在社交中汲取营养，在社交中让自己的阅历变得更丰富。

冰球社团始于"分享"

2008 年的奥运会，使冰壶、冰球进入到国人的视野。上世纪 60 年代，中国男冰也曾在 B 组和 C 组之间奋力拼搏，后来慢慢地落入 C 组。那时，特别是东北地区的少年，也曾经为冰球而狂热。现在凡是热爱冰球的四五十岁的人，基本都是在那时培养的兴趣。后来冰球渐渐淡出大众的视线，而其他冰雪项目，例如花样滑冰、速滑因为一代重量级运动员的出现而成为大众喜爱观赏的运动项目。年龄小些的，很少有喜爱冰

侃侃儿谈

球的了，学生群体就更是寥寥。我到三十岁才知道冰球，也是沾了 P 的光。其实很多家长跟我一样，如果我们不本着开放的态度，年幼的孩子就更没可能接触这项运动了。

在冬奥会期间，P 听见好几个同学说，冰球真激烈啊，可惜看不懂。想想他自己，在冰球运动中有那么多收获，那种在冰面风驰电掣、野马脱缰似的感觉，没滑在冰上的人，永远感受不到。连我，每个赛季一开始，只要听到球具包被拖在地面上发出的轱辘声，都会觉得兴奋！现在，他要与同学们分享。分享并不是把好东西让出去，他想让更多的人也能乐在其中。

初中的时候，P 眼巴巴地看着高中的学长创办社团，加入了以后，也只有等着被通知的份儿。进入高一，按照 101 中学的政策，到了自己成立社团的"法定年龄"了。所以，P 在学校里成立冰球社团，得到我的大力支持。分享，就是他当时最本能、最朴素的想法：让更多的人了解冰球。

为了成功招新，P 精心设计了招募海报，海报中使用了"激情"、"找乐儿"等煽动性的字眼，海报背景是他在比赛中的照片。他还很拉风地穿上最花哨的紧身运动衣，把头盔、护具都摆出来，搞了个现场展示，有兴趣的同学大可放胆一试。报名的场面那是相当火爆，过来登记的同学还真不少！那年的九月，冰球社的海报当仁不让地在学校小卖部和高一四班（P 的主场）足足贴了一个月。

招新成功后的烦恼

看着报名登记表，P 开始发愁了。球杆怎么办？最便宜的木质杆也得好几百，要说服学生家长为一项不太流行的运动购买装备好像不太可能，而且这个门槛将会严重阻碍同学们进入这项运动。

成立冰球社团，先从找赞助开始，对P来说确实不易！那时他首先想到的是找我："妈，你给我们赞助点儿吧？"我说："NO！自己想辙去，社团是你成立的，动动脑子。"我觉得，孩子遇到困难不能首先找父母，那样，他将只懂得暖棚里的生活；同理，父母也不能总冲在前头护着，陪在左右伺候着。只要让孩子知道，父母永远是他的同盟军，他的心理永远都安宁就足够了。

这个"球"要怎么传呢？于是，P的脑子动到了潘教练身上。想求援，又不好意思开口，怕被拒绝。我问他："教练训练时对你挺严格是吧？觉得他会拿你当小孩儿是吧？这说明你也把自己当孩子呢，都高一了，应该往前走一步，别站在父母身后了。"这么一说，P就开口去找教练要专业队淘汰的球杆，要求是：只要不断就行。等了一个月，潘教练带队出国比赛路过北京，亲自带来九支"退役"球杆！P如获至宝，扛到学校发给社团同学们。使用有缺口的球杆是危险的，容易伤到对手。孩子们也有辙，拿胶布缠，哪有残就缠哪。等都拾掇好了一看，都乐了：九支杆长短不一，胶布五颜六色，真是民兵装备。家伙齐了，可以开练！所谓锻炼能力真不是空话，就是要从小事情开始。

两年以后，在P申请大学的时候，有一篇文书题目是：Nine Sticks Club（九支杆俱乐部），孙老师就是结合这个故事，为P量身打造的，内容感人而又诙谐。

冰球社团小露锋芒

有了潘教练的赞助，加上P自己的几支"退役"球杆，冰球社团终于可以开工了。于是，每天中午十几支杆都会出现在学校操场上，慢慢地，他们"霸占"了排球场地。据社团成员刘冠楠说："今天放学练习射门，教室的门差点让 P 射穿了。大家都说，冰球好玩！"很快，校电视台进行了采访，P 也自己制作了视频。在这段短片里，我能看到的，只有两个字：热爱。没有什么事情，比年轻人的热爱更有魅力！

　　101 中学建立冰球社团的信息在微博上引起了一点轰动。正在打冰球的小孩子的家长们，看到了坚持下去的希望。甚至有人回信说，原来打冰球的大孩子都在 101！以后我们孩子也考 101 啊！接着，新浪体育频道也做了相关报道，称这是国内的首支中学生冰球社团，让家长看到了中学生团体运动的另一种可能性。其实，准确地说，孩子们玩的是陆地冰球。我曾经揣测：如果国家冰协知道有这么一个组织，如果他们看到这个视频短片，不知会作何感想？如果说，孩子们的热爱可以慢慢蔓延开来、传递下去，让这项运动真正具有普及性，那将会有多少孩子受益！这是一个责任，只是我们当时都还没有意识到。

　　后来，北京广播电台《体育纵横》栏目制作了一期节目，采访 P 的是体育台美女主播晓丽，那期节目的题目是：《成长的故事》。

对商业体育模式的最初探讨

　　到了高二这年，P 的野心更大了。

　　他继续招募新人，扩大社团在 101 的规模和影响力。也是在这个时候，社团出现了首位女成员。人说，领导力就是影响别人的能力。女生加入冰球社团，充分证明了此小小冰球社团的影响力。

　　从这个时候起，P 不仅考虑怎么把冰球社办好，竟然还开始思考和关注俱乐部的商业模式。我看出来了，他需要找专业人士聊聊。

　　我找到的是 CCTV 体育台的主播、我的校友于嘉。见面那天，于嘉

体育教育篇　每个孩子的必修课

早早地在梅地亚中心等我们，真没想到，像他这样的名人、忙人，竟然这么愿意扶持一个小小的中学生。P 非常兴奋地跟于嘉聊了很久。以下是为那天的访谈准备的提纲：

- NBA 在中国为什么能成功地进行商业运作？
- 俱乐部运作的基本条件是什么？冰球社团在 101 有可能搞成俱乐部模式吗？
- 等我毕业以后，冰球社团怎么继续？解决"后继无人"问题的方法是什么？
- 在公立中学引进运动俱乐部可取吗？
- 篮球的普及教育做得好，相比之下，棒球、冰球在中国存在先天不足吗？冰球、棒球能成为中国的主流运动吗？

每一个问题似乎都不是一时半会可以说清楚的，但是于嘉尽量用简单明了的方式给 P 讲解。于嘉的语速极快，思路清晰透彻，谈话的信息量很大。最后，于嘉和 P 进行了"体育"和"体育教育"的探讨，他们谈到，中国的体育是精英体育，模式是发现了有潜力的运动员，就进行专业训练，把资源都给他，目标是破纪录、是奖杯。我们的大众体育也有发展，但是运作机制还不健全，基本靠老百姓自发。在学校里，体育只是一门课程，还没达到"体育教育"的高度，而家长们对体育的重视程度大多跟体育会考的指标有关。

后来 P 在申请大学的时候，其中一所学校，针对他的冰球履历回过一封信，信中写道：

We encourage all of our students to find life balance outside of the classroom, and athletics is a great way to find your niche.

侃侃儿谈

【译文】我们鼓励学生到课堂外寻找生活的平衡，而体育运动，是找到你的位置的最佳方式。

这封回信，充分说明了美国教育领域对体育教育的重视程度。他们在评价一个学生的时候，看的是他的精神品质，看重学生在课堂之外的探索，认为学习成绩和生活经验是并重的，倡导学生到课堂之外去寻找生活的乐趣、摸索自己的定位。

大胆筹建冰场

不仅如此，P 还有一个宏大计划：在 101 中学建一个冰场！

我着实吓了一跳：小子你太敢想了！谈何容易！冰场的维护是很费钱的，101 虽然校园庞大，那也是寸土寸金！虽然财力十足，那也要用在刀刃上啊！何况一所近 4000 人的学校，高二五班的丛沛恩，你得先让校长认识你才行啊！反正肯定是困难重重。P 自然是有他的方法，因为我很快听说，校长正式委托他寻找冰场承建商，报预算。

原来，王涛副校长在观摩了学生们的训练之后，委托 P 和加拿大专家讨论冰场建设事宜，并表示，冰球运动确实很独特，学校愿意拿出场地支持社团。这是学校的远见。

P 请加拿大的公司来做球场投标，因为他坚信，101 中学配得起这样的规格，而且他希望自己毕业之后，冰场还可以让后续的学生受益，冰球运动可以一直在这里传承下去。至此，不论筹建冰场的结果如何，我都有点敬佩 P。他愿意用一己之力为自己热爱的学校带来一些改变，此情真挚；他愿意将自己的热爱与现在和未来的同学分享，此情真挚。无论成与不成，都将是他高中时代珍贵的经历。

加拿大的 C 公司同样看到了这一前景，在他们的商业提案中有如下陈述：

A Permanent Refrigerated Floor is great for the sport of hockey and the development of ice sports in Chinese schools, we will provide the best solution for this project. Making Beijing 101 Middle School the first of its kind with an ice rink would make us very proud. It would also show the forward thinking that the school possesses in wanting to provide the most well-rounded sports program for its students.

【译文】建立永久的冰场对中国学校冰上运动的发展和冰球运动的发展是一项创举，C 公司将为这个项目提供最佳解决方案。使 101 中学成为首个拥有冰场的中学将是 C 公司的荣幸。将冰上运动的机会提供给学生，也彰显了 101 中学的远见。

那几周里，我经常听到 P 跟加拿大专家通话讨论。后来得知，建冰场的提案上了 101 的校长办公会，经过多次论证，提案最终被否决。

虽然遗憾，但也在意料之中。对 P 而言，这算一次挫折吗？巴尔扎克说过："苦难对于天才是一块垫脚石，对于能干的人是一笔财富，对于弱者是万丈深渊。"建冰场的挫折似乎远远算不上是苦难！

P 和我都看过著名的《最后的演讲》。其中提到：在我们追寻理想的道路上，一定会撞上很多墙，但是这墙不是为了阻挡我们，只是为了阻挡那些没有深度渴望理想的人。这些墙是为了给我们一个机会，去证明我们究竟有多想要得到某个东西。

冰场提案被"枪毙"的第二年，也就是 P 结束大学申请之后，"侃侃 Sports"诞生，证明了 P 对分享体育精神的渴望。

The Influence of Western Sports and Culture on Chinese Children

In thinking about the influence that western sports and culture has had on the many Chinese children I have come across in the past 6 years, Payne is the man who immediately comes to mind. He is the perfect example of a Chinese kid who wanted more – he has a fire burning inside him that rages with the extreme desire and motivation to become a complete person in life, in the classroom and on the sports field. Following in his footsteps is something I highly recommend to all Chinese students.

My position in life is unique in regards to Payne because I have seen him transform from a youth hockey player into a mature, critical–thinking young adult. He was a passionate hockey learner when we first met in 2008, always working equally as hard during practices as he did during games – an important trait of an athlete who 'gets it'. He then kept this passion with him as he emerged from his adolescence and first became a player on the adult league hockey team I captained and then eventually blossomed into an inspiring young entrepreneur.

Over the last 6 years, I have interacted with, coached and communicated with hundreds of Chinese kids between the ages of 7 and 18. There is a noticeable difference between those who have been exposed to team sports (especially hockey) influenced by western coaches and management compared to those who were not so lucky. Though typical Chinese coaching is usually technically strong, it often lacks in the intangibles such as cultivating social skills, encouraging positive thinking and instilling in kids the ideals of team spirit and non-stop effort.

As someone who has been in a position of leadership for these kids, I am always aware of the influence that I have on them. This awareness has also made me a better person because I know that in order for my influence to be constructive, I must exhibit all the qualities I mentioned above at every moment that I am with them. Having the relationship I have with Payne makes me feel nothing but unabashed pride knowing he has turned into such an honest, sensitive, cool and ambitious person.

Payne is living proof that forcing oneself from a bubble, always striving for the seemingly unreachable goal and being determined to succeed is what can turn a typical Chinese student into a real rock star!

【译文】

西方体育和文化如何影响中国孩子

每当我琢磨起西方的体育及文化如何影响了那些我过去六年里接触到的中国孩子们,沛恩就会立刻从我脑海里蹦出来。他是个积极进取的中国小孩好榜样:他的心里燃烧着腾腾的小宇宙,热切渴望在课堂里和运动场上全面发展、充分成长。下面我想说说他的成长历程,与中国学生们共勉。

在沛恩的人生中,我的位置较为特殊,因为我曾亲眼见证他如何从一个冰球小子,一步步成长为一位成熟与批判性思维兼备的青年人。

侃侃儿谈

2008年我们初见时，他学起冰球来充满热情，无论训练还是打比赛都特别刻苦带劲儿——这种劲儿也是那些"上道儿"的运动员们共有的特质。他一直保持着这种热情，从他的孩提时代开始，直到他一路杀入我带的成人冰球联赛队，再后来，他的热情继续盛放，伴随他成长为一位出色的年轻企业家。

过去6年来，我接触过、指导过上百名7到18岁之间的中国孩子。他们中间有些接触过受西方教练与管理影响的集体运动项目（以冰球尤甚），其他没接触过的孩子们就没这么幸运了。典型的中式教练法在硬技术上很强，但于无形的软实力培养上就欠缺些，比如培养孩子们的社交能力、正向思维，还有润物细无声地培养团队精神和坚持不懈的精神。

作为这些孩子们的头儿，我一直意识到自己对他们的影响。意识到这点也让我变得更好，因为我知道，如果我想要积极地影响他们，就意味着我与这些孩子相处的时时刻刻，都需要展现出前面提到过的所有品质。和沛恩相处让我特别骄傲——是真的特别骄傲，不打折的——因为他长成了这样一个诚实、敏感、酷酷又雄心满满的小伙子。

沛恩是个活生生的好例子：他逼着自己走出了自己的方寸天地，为了看似不可能的目标而努力拼搏，而这种全力以赴，能把一个典型的中国孩子变成一个真正的"摇滚明星"！

马克

*马克：上海飞扬冰球俱乐部加拿大外教。

学校教育篇　选对学校 事半功倍

上过三个幼儿园

在我创业的第二年，P开始上幼儿园，总共上过三个。不是幼儿园不好，而是为了让他通过换环境，学会跟不同的人打交道，学会适应。我觉得，在幼儿园期间换学校，对孩子没有坏处，而且成本也低。

P上小班是在外交服务局的幼儿园。那时候，我已经开设分店了。我坚持让他坐小区班车去幼儿园，并请了一位阿姨每天接送他。于是从那时候起，P就成了家里每天出门最早的人。

从家到班车站有几百米距离，我嘱咐阿姨，一定要让他自己走。每天早上，我在阳台目送二人，他们转过一栋楼就看不见了。有一次我发现P忘了带画笔，下楼去追，却看到阿姨在抱着P走！原来，阿姨心疼孩子小、天气冷，每次出了我的视线，就会把他抱起来，完全不顾我的叮嘱。我这才知道，原来"上有政策下有对策"。后来我很正式地跟阿姨谈了谈，请她严格按我的要求教育孩子。

春天，幼儿园排练舞蹈《斗牛士》，准备迎接六一。P扮演斗牛，表演的时候带着面具，穿着镶金边儿的红色小背心。那段时间，他经常在家里放着伴奏带练习，甚至在我们全家乘游轮过三峡的时候，还在甲板上练习，正是：甲板牛声啼不断，巨轮已过万重山。那段音乐我们都哼得出来，就伴着他的舞步全体无伴奏合唱斗牛曲！这算是舞蹈的启蒙吧。后来，当年的"小斗牛"练起了街舞。

中班时，P转到棉花胡同幼儿园，我们决定让他试试寄宿。P很不乐意去，每周一早上都想尽办法拖延时间，到了幼儿园门口就使用"千斤坠"跟我耗着，常常是被我踹进大门去。有一次，送他的时候他又闹情绪，心里不高兴就"通知"了肠胃，快到幼儿园的时候，把早餐全吐出来了。他可怜地说："妈妈我都吐了，咱们回家吧！"我说："没事儿，跟老师要个花卷儿，去吧！"就这样，过了一段时间他就适应了，因为他交到了新朋友，而且喜欢上了幼儿园树上的"吊死鬼儿"……

要送孩子寄宿，家长要先过了心理这一关。假如大人自己都不依不舍的，或者周末孩子回来就不知道怎么疼怎么爱好，那干脆别寄宿，因为这个心理暗示一定会传递给孩子，搞不好，寄宿就是孩子的童年噩梦。好多家长认为，寄宿可以锻炼孩子的自理能力。虽有这么一说，但是锻炼的途径还有好多，寄宿不是唯一的选择。我倒是觉得，幼年的孩子最需要的是亲人的陪伴，高质量的陪伴，而且幼儿阶段正是培养亲子关系模式的关键时期，我们一定要投入时间多跟孩子相处。所以，孩子如果适应寄宿生活尚可，如果不适应，家长也大可不必非得用寄宿来锻炼孩子的自理能力。

大班时，P又到了北海幼儿园万科分园。那时候我开着四家连锁便利店，生意红火。我非常注重标准化的管理，让所有店铺、所有员工都按规范做事。这样，我才能随时腾出时间照顾孩子。每天幼儿园放了学，我们都在小区里玩儿够了才回家！从幼儿园毕业的时候，P要代表全园小朋友致辞，开头是："亲爱的小朋友们、老师们……"这段致辞我们一起练习过好多遍，我们的目标是，不但要把致辞背熟，还要抑扬顿挫、情绪饱满。那时正是夏天，每天放学后，我们都在家里的阳台上，伴着夕阳一遍一遍地背诵。那幅画面，我至今记忆犹新。到了毕业那天，P在致辞的时候可精神了，底气十足，声情并茂。我站在后排远远地看着他，心想着，要是没改掉吃手的毛病，哪能这么字字清晰？

P在三个幼儿园，跟不同的小朋友、不同的老师打交道，非常开心，他快速融入新集体的能力也得到了锻炼。我的盘算是：既然小学、中学不能随便换，那就在幼儿园阶段折腾折腾吧！

小学自己选

该上学了，选择哪一所学校度过六年，我们是不是就给孩子做主了呢？我自己上小学的时候没的选择，只是被动地随着家庭搬迁，上过两所小学，五年级的时候转入北京史家胡同小学。那一次，让我有了改变自己的机会。我从一个区里中等学校的平平学生，变成了市级重点小学的优等生。我很喜欢改变之后的自己，而且深深体会到，一所适合自己的学校是多么重要！可是孩子那么小，他自己怎么选学校呢？其实很简单，咱们亲自带着孩子去学校看看。我觉得，观察孩子的反应，也许能帮助我们做出选择。

我们那时候住在首都机场一带，反正附近没有学校，所以在市区选学校也就没受什么局限。我分别在东城和海淀物色了四所知名小学，然后就带着P去一探究竟。

第一所小学，市重点。院子里有一个高高的滑梯，高得少见。P见了高兴啊，蹭蹭就上去了。这时候，有个老师在下面喊："哪个班的？下来！"P就哧溜下来了，我们也就直接出校门儿了。也许孩子将来在这里上学，就是这么束手束脚的，我们两个都不乐意。

第二所小学，区重点。我坐在办公室跟老师了解情况，P 蹿到里屋，一会儿拿着一根冰棍儿出来了。老师说："这孩子怎么坐不住啊？多动症吧？来我们这儿以后，可不能这样，我们学生多，老师少，这么淘的可看不住……"此刻，我知道 P 并不喜欢这样被人看着。

第三所小学，海淀名校。招生办的老师很严肃，只顾跟家长讲他们的招生指标多抢手，一副爱来不来的模样，根本就不在意去了解孩子。不以学生为主体，让人不寒而栗。

第四所小学，门口赫然写着校训：痛快地游玩——冰心。正中下怀！这就是北大附小。P 很开心地参加了测试，在讲了一个故事，做了几道智力题之后，被录取了。事实证明，我们的选择无比正确，P 在这里度过了六年的快乐时光。

选择学校，眼见为实最重要。作为家长，我们有观察、分析、判断的能力，我们是用大脑完成这个过程的。可孩子不一样，他们天然具有超级感应！家长要做的，就是去观察孩子，观察孩子和学校是否契合。六年的小学时光，值得我们好好去选择。

11 年后，P 选大学的时候，重复了相同的步骤：走进校园，眼见为实，只是那时是 P 独自去完成的。

小升初，临阵磨枪

六年级之前，P 没在课外学过英语和奥数。算算就知道了，他没时间干这个事儿。或者说，是他自己选择用课外的时间去打棒球和冰球。棒球是从二年级开始的，冰球是三年级，那时 P 的学习很轻松。我虽然觉得他是个有效率的孩子，但在他进入高年级以后，我还是跟他商量是不是去上课外班。P跟我说，班里好多同学都在做这件事，大部分是学奥数，还有学英语和作文的。那时候去学校接他的时候，我也经常听到其他妈妈互相介绍补习学校和老师。这种话题讨论的频率之高，让我觉得这绝对就是大势所趋，不去读就out了。人人都有从众心理，何况事关学习和提高，这是正事儿啊！于是，P没能免俗地去上了奥数，但是只上了几次就停掉了，因为P自己说，上课就是做题，做完老师讲，为了提起学生的兴趣，老师还不断地讲笑话，效率不高；周末跑奥数学校，加上路途的时间，大半天没了，还不如用这个时间好好完成作业，然后去干自己喜欢的事——运动。

言之有理，而且，我觉得好机会来了，是时候谈谈效率的问题了。我说："P你要是能高质量地完成作业，再做好预习，上课专注听讲，课内成绩一定差不了！别人补课、预修、请家教的时间，我们可以去练球、参加比赛、约朋友郊游，怎么样？奥数是这样，它既然不在小学的教学大纲里，就说明它适合学有余力的学生，不能本末倒置，把它当成主业去对待。你炼好了身体，牢牢掌握课内知识，就具备了学习能力。需要奥数的时候，你一定能学好，我相信你！"就这样，P高高兴兴地告别了奥数班，继续他有目标的小学生活。

当年的小升初，基本是各个中学自主考试，主要是语文、数学、英语三科。为了做好准备，五年级的暑假P开始学习公共英语和奥数的内容。公共英语是在家自学，我来当伴读，基本是每两天学一课。虽然我自己要照顾几家店的生意，时间紧张一些，但还是觉得自己辅导P学习，肯定效率更高，能最大限度提高时间的利用率；另一方面，我也想摸摸练练他自学的能力。我自己把课文里的对话录了音，这样我不在家的时候，P可以自己听，先自修，等我晚上回家，我们再讲课文的语法点。遇到课文涉及到的历史知识，我还会趁机给他讲讲历史故事。就这样，P在半年之内考过了公共英语二级（词汇量相当于初中毕业的水平），口语还考了满分。

公共英语的口语考试，是让两位考生结成一组，根据现场抽到的题目完成对话。巧极了，P遇到的口语搭档是一位101中学的初中男生，他得知101是P的目标学校时，很开心，两人很快达成"统一战线"，约定一会儿考口语时要互相帮衬。口语通关很顺利，两人双双过关。之后，101的男生说："你来101吧，我们学校的社团可多了，我自己还成立了一个羽毛球社团，回头你来投靠我！"这个邀请让P很兴奋。现在想起来那次也许是埋下了一颗小种子，谁能料到，此时这个12岁的小男生，有朝一日真的在101的社团里整出了动静。

这次英语考级让我发现，原来P在冰球队里不知不觉提高了英语能力，真是"得来全不费工夫"。要知道，如果是为了生存，语言就不是障碍。当初，我把P往全是外国孩子的球队里一扔，他就自己"谋生"了。我注意到，每次教练讲完以后，都要单独问P："Do you understand?"当P点头的时候，队友们会笑，认为他没听懂。一个赛季过去，P不但能实现教练布置的战术，而且能跟队友们打成一片。为了在冰球队里"生存"，他不得不竖起耳朵听，大胆地、积极地讲。也可以说，P的英语学习是被环境所迫，是"玩着"学，形式是"玩"，可态度很严肃。

P通过公共英语二级考试的时候，P同班的同学有些已经考过公共英语三级。那时，离中学的招生录取还差一个月。还要继续学下去吗？我觉得不能再学了。短时间内，把个小学六年级的孩子提高到初中毕业的水平已属拔苗助长，要通过三级考试，就要对词汇、语法和写作付出更大的努力。一个月的时间太仓促了，一是考级通过的概率很低，二是学习中无法保证乐趣，没乐趣的学习一定会伤害孩子的积极性和亲子关系，这是最不能付出的代价。于是，我们停止了英语的自学，向中学提交了二级证书。

奥数可就费工夫了。当时我请了北大数学系的研究生小孙给 P 讲奥数，从零开始。和上过几年奥数的孩子相比，P 要赶上的太多了！那时候每周上课两次，每次两小时，还要做无数的题：鸡兔同笼、抽屉原理、数列运算……这位研究生老师讲课极其认真，他让 P 见识到了什么是严密的逻辑思维。他教导 P 如何不断训练自己，让思维的深度不断延展。P 前后学了半年的奥数，每次上完两个小时的课，他都累得不行，下了课直接奔北大的篮球场。我很想知道：北大的研究生宿舍楼在 P 的回忆里是什么颜色的？

等到参加 101 中学的选拔考试时，P 这三脚猫的功夫，还真用上了。当时数学考官口述了一道数列题，P 刚要掏笔计算，老师说："停，请心算。"我猜 P 的脑门上一定都是黑线。心算之后给出了答案，考官说："错了。不过你的方法对，否则不会得出这个数字。"接下来的语文、英语考得很顺利。特别是英语，据他自己说，跟英语考官聊得很开心。进入 101 中学以后，P 就没再接触过奥数，不过后来中考的时候他依然考进了高中理科实验班。

为了打棒球，选择 101 中学

当年 P 选择 101 中学，有两个最淳朴的理由：101 中学有一支棒球队，进入中学以后可以继续打棒球；再就是校园大，操场大！从一道门到二道门有四五百米，沿路两侧是参天的白杨，等走到二道门，人的心已经静下来了。进入校园，迎面就是两片湖，这在中学来说是多么得奢侈（后来这些湖也成为P故事里的一部分）！校园里随处有百年古树，所有的教学楼、办公楼、宿舍楼都只有两层，这又是何等奢侈！校园的后半部分，有国家体育总局挂牌的田径赛场，若干个篮球、网球、足球场，室内排球场，金帆乐团室内排练场和演播厅。当然，最吸引P的还是那些牛X的体育设施。于是，101中学立即成为P的不二之选。我们也觉得孩子在这种环境中熏陶六年，一定不一样！

我还有一个考虑，就是101中学浓厚的人文氛围。这一点我是从数字里分析出来的。101中学不但每年的重点大学升学率很高（是百分之九十九点几的那种高），而且常常出文科状元。更奇怪的数字是：每一年，101中学都会产生几位高考作文满分得主，而这些作文满分基本都是理科生创造的。这说明什么？说明学生的人文素养高。清华的学者曾经呼吁："不能培养半个人的学生！"这里说的就是不能缺少人文素养。101中学没有在网站上宣传毕业生的人文素养，但是数字证明了这一点。所以，当P看好101中学的时候，我是极力赞成的。

一个学校，两张门票

P当时可以有两个途径进入101中学：一是参加正规的入学考试，竞争激烈；二是参加棒球队的选拔，通过签约进入体育特长班。北大附小的棒球队那一年有四个学生在101参加了两周的试训，P也包括在内，结果P和另一名同学得到了签约资格。这时候，我们开始纠结。

选择一：跟棒球队签约，等于提前拿到了"入场券"，条件是必须住校，要为学校打比赛。

选择二：参加入学考试。

棒球队的教练找我们谈了话,只给我们一个周末考虑,过时不候。这时离入学测试已经进入一个月的倒计时,如果放弃签约的话,一旦入学考试失利,P 就只能参加电脑排位,听天由命。就在这时候,P 跟我们说:"我想好了,不签棒球队,参加 101 的选拔考试。万一没考上,我就中考的时候再报 101。"

我觉得这么选择对 P 来说,实在是太冒险了,真是一点儿把握都没有,毕竟 P 在小学期间没有任何竞赛奖项。我当时想,要不让孩子拼一下吧?关键是我看到 P 愿意承担失败的后果,这说明他不是在盲目地拼,而是大有此番如若失败,他日必将卷土重来的决心。这种决心于小小少年难能可贵,我们不能浪费了 P 的这股血气劲儿!再说,对一个 12 岁的孩子来说,他的人生抉择才刚刚开始。这次如果冲上去了,必将大振士气;如果失利了,也完全可以作为一次挫折教育的机会,鼓励孩子为了实现目标继续努力。这么想了,我们也就释然了,对这一张实在、一张虚幻的门票,还是一如既往地让他自己做决定。

环校而居

P 上初中之前,爸爸给他买了一辆自行车,我给他发了一把家里的钥匙。我们就是想,小学六年车接车送,上初中了,该让孩子有更多的自由,这把钥匙就是一个独立的象征:不要因为家长在校门口接,而急急忙忙离校,他应该有更多的自主时间,多去参加学校的活动,有时间交朋友。我觉得这种心理暗示还是有作用的,感觉 P 一下子就长大了。

为了租一套学区房,我们费了好大力气。在 101 中学附近,北大、清华等中学扎堆儿,学区房特别难租。最后,我们租的房子离学校的一道门只有 700 米,经过一个红绿灯就到,一来是为安全考虑,二来是为了不让孩子把宝贵的时间都耗在路上。每天早上多睡 20 分钟，一年就是 100 个小时，这对长身体无比重要！小学期间，P 一直是八点半睡觉，尝到甜头了。

说来懊悔，环校而居这件事，我在 P 上小学三年级的时候才想明白。他一二年级时，我忙于新店扩张，用"脚不着地"来形容真是一点儿也不夸张！后来我突然觉醒了，发现自己真是错得离谱——孩子的成长是不会等着我的！等我调整了生活的重心，重新真正参与 P 的生活，我才发现，什么是真正用心陪伴孩子成长。其中环校而居，就是一个无比正确的决定。

英语老师有请

开学一个月，我便接到英语刘老师的电话——有请。到了学校，刘老师给我两张卷子，都是周末作业，准确点儿说，是空白的周末作业。每份卷子打开后都夹着一封信。信是 P 写给刘老师的，是关于周末作业多么无聊的阐述，也就是说，他在说服老师免了周末作业。老师说："您得做做孩子工作，周末作业必须完成，我不想再收到他的信了。"我领了刘老师的任务，可是没有完成，P 说他自己去解决。我觉得很对啊，我干嘛要做这个"说客"呢？话说，教师、学生、家长是个非常奇特的三角关系，在这个三角关系里，每个点都应该各自独立、各自作用。如果两个点重叠了，那就不是一个平衡的三角啦！P 解决的结果就是：他跟老师约定，如果能保持英语成绩年级前十，周末作业就可以不做。就这样，他给自己争取到了周末打球的时间，而他也将更加高效地学习。你看，没有家长掺和，师生二人寻找的解决之道多好！

我不断提醒 P，如果放弃了周末英语作业，选择了周末打冰球，就必须用其他方法保证英语学习成绩。通过这种比较和选择，孩子学会了自己承担选择所带来的后果，这对他的成熟起到了非常重要的作用。

在 P 拿到高中毕业证以后，我特地去学校拜访英语刘老师。回忆当年，想想那个调皮捣蛋不省油的小子，如今也拿着美国大学的录取信，马上翻开人生的新一篇儿了，刘老师眼圈儿红红的，我俩都很感慨。

中考，一分儿也没浪费

所有经历过中考的学生一定知道，初三这一年不好过。

我当时想到了会很辛苦，却没想到会这么辛苦。

为了能继续在 101 中学读书，前所未有地，P 花了超长时间伏案学习，为各种考试和排名耿耿于怀。为了上 101，他拼了。

学习压力越大，P 越是要打冰球。那个赛季，在模拟考试之前他还在参加冰球比赛。投入地拼一场球，痛快淋漓地出一身大汗，一转身，再斗志昂扬地投入考场，这感觉真不赖！此时，冰球于 P 来说，是热爱，是调剂，是再次发动的燃料来源。

班主任姜老师曾经说，准备中考对学生的体力是挑战，我们班谁都有可能被累趴下，可是 P 不会。运动就是这样与 P 的学习生活相得益彰，感谢冰球！

非常意外，P 中考的体育部分居然没拿到满分。丢掉的这一分，在中考录取的时候，差点儿让他与 101 失之交臂。

当我们看到孩子有明确的目标，为了这个目标实实在在努力拼搏的时候，家长要做的就是理解、支持和宽容。把他看成一艘扬帆在风浪中的小船，我们好好地为他补充给养，持续地提醒自己：过程比结果更重要。

侃侃儿谈

传统高中还是国际高中

中考结束后,我们的心情非常忐忑。分数出来之前,又出现了一个机遇。

海淀区的一所名校创办了国际部,由于 P 曾经在市级的英语比赛取得过名次,所以成了校方的目标学生,被邀请去参加为期三天的封闭式体验。决定是否参加体验就费了一番周章。P 是不想去的,他一心就想上 101。可是我觉得中考分数未出,让自己多一个选择也不是坏事,就这样劝着他去了。

封闭体验的最后一天下午,我接到该校国际部老师的电话,说 P 已经通过了测试。我心里正高兴呢,老师又说,不过学生已经说了,他不会跟我们签约。我说:"老师稍等,我们家庭还没商量呢!"老师说:"不用商量了,您儿子非常坚决。"就这么挂断了电话。我心里想,怎么没商量商量就做决定了呢?这孩子,怎么不给自己多留一条路呢?

后来得知,P 在那三天里,不但面对学校的遴选,这小子也在考核学校。他说,他用心观察了这个国际学校,用批评的眼光去看待问题。这话听着真耳熟!想起来了,P 六年级第二次赴日访问比赛时,我就是这么跟他说的。学以致用啊!

就这样,P 自己做了主。接下来的日子,就是提心吊胆地等分数,等录取结果。结果,P 的中考分数刚刚够 101 的分数线,非常惊险地被录取了,真是一分儿也没浪费。

第一次试水去牛津

从初一开始,我就精心地安排 P 的每一个暑假,主题就是:读万卷

学校教育篇　选对学校 事半功倍

书，行万里路。

初一的暑假，P参加了Oxford Summer Camp，牛津大学的暑期夏令营。

这是一个以语言培训为主的多国夏令营。对于第一次参加海外暑期课程的P来说，针对初一这个年龄，语言类的课程是一个很好的开端。P和一个西班牙学生一起住在一对英国夫妇的家里，每天坐公交去牛津校园上课，下午参加体育活动，晚上自由活动。

到牛津的第一天，P就把信用卡丢了。我在国内赶紧挂失，后来发现是被电影院管理员捡到的。P去取卡的时候，和这位"雷锋"攀谈了起来，发现他居然是个本科生，正处在毕业后的"流浪"阶段，他用这样的方式给自己放了一个假，为的是遇见更多的人（To meet people）。

有一次，P跟我通电话。我一看时间，是伦敦夜里11点。我问："你在哪儿呢？"P说："刚去disco了，我跟寄宿家庭的妈妈说过，她同意的。"我说："好吧，在那种场合，坚决不能喝别人给买的饮料！"P笑着答："妈，你没搞错吧？我在这里都是自己买饮料的！"

他的舍友是西班牙孩子。P观察了几天以后终于问舍友："为什么晚上不洗澡，而是早上洗？"舍友回答他："Keep fresh！"哑然失笑吧？P很好地适应了不同的文化和习惯，还向舍友学习了西班牙语。后来，正规学习西班牙语一直是P的心愿。进入大学的第一学期，他就选修了西班牙语。

在英国的三周很快就过去了。回来时P见我在机场接他，第一句话就是："别跟我提土豆，吃够了。"原来，寄宿家庭餐食虽花样繁多，但原料总是土豆。我觉着这不算受苦，孩子出门在外，做父母的得有这份胸怀，得沉得住气，放得下。如果见不得孩子吃苦，就会把这种信息传递给孩子，那孩子就真的吃不了苦了。

暑期回来，P给同学们做了一次展示，讲他在英国的逸闻趣事。比如，P展示了两张照片，第一张是一只装在盘子里的烤鸡，照片的题目是Fantastic；第二张是同一个盘子，装的是鸡骨头，照片题目是After Fantastic！学生和家长都被他的幽默逗乐了。走出去，看看另一个世界，结识另一类人，开眼界、长见识、享受乐趣、懂得幽默，这都是学习。

斯坦福的两个暑期课程

经过初一暑假在英国牛津的体验，初二的暑假我们选择去美国体验一下。

这次动手准备得比较早。有了初一暑期的经验，我觉得如果继续参加国内的游学项目，对P来说就没有提高。国内游学项目最主要的缺陷是，同学都是国内的学生，而且课程主要以语言为主。对于初次出国体验的学生来说，确实比较适合，但P的每一个暑假，每一次出国学习，必须要一步一个进阶。于是，我刻意选择了美国本土的暑期课程机构。这次的目标，是学术类课程。

美国的几个暑期课程机构，是冰球队的美国妈妈、瑞士妈妈推荐给我的。我用了整整一个月的时间，每天晚饭后在网上进行查询，在课程内容和难度、学生来源和师资经验方面进行比较，最终选择了其中一家。选好了机构以后，就是进行校区、具体课程及时间的选择。

选择斯坦福大学有几个原因：首先，它是一等一的名校，蜚声世界的口碑和强大的学术背景就是巨大的吸引力；其次，我曾参观过这所大学，对它的环境、安全性有直观的认识，我可以想象得到P在校园里的情景。定了学校以后,就进入课程选择。

第一个课程是 A + Summer School,是为学有余力的美国学生开设的深化课程,有点儿类似于国内的暑期提高班,为期两周。我希望 P 在这个课程中,有机会了解美国同龄学生的学术水平,看看在各个学科上美国的孩子是什么状态,了解美国中学生的课堂学习方式,看看自己的英语能力是不是足以应付同龄美国学生的课堂学习。

第二个课程是 Public Speaking,学习公众演讲的技能,学习 critical thinking 和 debating 的方法。事实上,在中国学生们都没有机会学习类似的课程,而公众演讲能力实在是太重要了!我想每个成年人都有这种体会吧,当你有观点和想法的时候,你还得有能力展现出来,想办法让听者接受。这种语言技巧课程,对以英语为母语的学生来说也是很具挑战性的,我并不确定 P 是否有这个能力。事实上,我非常怀疑。我心里想,万一课程难度太大让他无法适应,至少可以让他知道山外有山,不要满足于在国内学校里的排名。公共演讲课程中有很多的辩论环节,令我意外的是,P 作为一个母语非英语的学生,在三场辩论中居然赢过一场。我看过他带回来的辩论提纲,确切地说是小纸条,上面论点、论据写得密密麻麻。P 后来跟我说,为了做足准备,他按老师的要求阅读了很多参考资料,读得没本地孩子快,就熬夜读。每次辩论前的一天,他都和搭档准备到凌晨三四点才睡,准备各种应对方案,累得快"吐血"了。

买飞美国机票的时候,我图便宜,先买到香港,然后再转换另外一家航空公司的航班飞旧金山。订票的时候我觉得自己挺聪明,临近出行了,心里才开始打鼓。一个朋友听说了这个安排以后,直接骂我是抠门老妈,就为省钱,让 14 岁的孩子一个人飞美国,还要在香港转机、取行李、办理出境手续。那时候的我，只能硬着头皮，几番嘱咐P，同时心里祈祷前一段的航班千万别延误。

从旧金山机场去大学报到是另一件头疼的事，幸好我的同学曹苗彼时正住在旧金山，而斯坦福是她的MBA母校，于是她去机场接P并送他到斯坦福。由校友带领进入斯坦福学习更是意义非凡。后来申请大学的时候，斯坦福也是P的梦想之一，虽然他后来进入了伯克利大学——两所学校在旧金山当地小有竞争，挺有意思。

还有一个大问题，是我最担心的：两个课程之间有一个两天的周末是空白期，课程组织方是没有安排老师管理的。行前，我与校方邮件确认了，他们会在那个周末提供宿舍给P，此外不再有其他服务。随着第一个课程进入尾声，从斯坦福传来P的消息，他告诉我不要担心，他跟助教们相处得很熟了，他们甚至邀他在那个周末一起去旧金山市内玩，而且不需要他支付任何费用。果然，那个周末P不但跟助教们游览了旧金山，人家还请他吃了牛排。好吧，算你会混。

在斯坦福，P爱上了飞盘。后来，在他自己创办的"侃侃Sports"项目中，也包括极限飞盘项目。

P终于平安地从斯坦福回来。用四个字形容他——眉飞色舞，哦，还有——口若悬河。我要他总结一下这个假期，他也回答我四个字——激情，自由，还有一个宣言："我要去美国读大学！"

激情，P说斯坦福的教师对教学充满了激情！自由，P说他从未感受过如此地自由，身心的自由。去美国读大学的愿望如此强烈，我感觉得到，这台车的引擎已经突突突发动起来了。

教师在美国受人尊敬，这是一个大背景。他们非常纯粹地热爱教育，这种爱和激情使教师和学生都很享受教育和受教育的过程。教师们真正尊重学生个体，会在精神上给每个孩子真正自由的空间，不限制思维，鼓励创造性的思考。

去美国读大学，是P那时立下的志愿。我们步步为营地按照这个目标执行"作战计划"。三年之后，申请美国本科的"战役"正式打响。

初三暑假与"魔兽"有约

初三的暑假，P还做了一件事：疯狂"魔兽"。

魔兽一直是P最喜欢的游戏，但平时很难有时间痛快地玩。这个暑假里，他彻底放开了，约了好几个同学，组战队到网上去打。玩得兴起的时候，大呼小叫，无比投入，痛快淋漓。我乐呵呵地听着他在房间里忽而喝彩忽而惨叫，美美地分享他的小乐趣。如果中考"激战"以后的"战士"需要娱乐放松，如果"魔兽"能让他如此享受，我只能说："You deserve it！"

就像皮筋儿不能老绷着，我可不想孩子小小年纪就没了弹性，更不想哪天皮筋儿嘎嘣儿断了！如果打球、打游戏都能让他觉得放松，那我乐意。前提是，P平时很自律，不碰游戏。其实，我知道他曾无数次卸载电脑上的魔兽，那是因为他卸了又装，反复折腾。我没笑话过他，每一次卸载，都说明他知道要控制自己；每一次安装，都说明他还没彻底战胜这个瘾头。我不说他，就是给他这个时间和空间，我在等他，等他发自内心地要控制游戏。控制得好，游戏才真正是不干扰主旋律的娱乐。

两条路，齐头并进

进入高一，是另一番天地，学生有了更多的自主权，同时学习压力更大了。

对 P 来说，两条路要同时走：一是完成传统高中的学业，二是准备美国大学的申请。从此，两条路齐头并进。一方面，作为一个重点高中的学生，P 要完成所有的向高考标准看齐的校内功课，完成各科的会考，而且要确保成绩优异，这份 GPA 成绩单将在申请美国大学时发挥重要的作用；另一方面，按照美国大学对优秀国际学生的要求，P 要准备托福和 SAT 考试，这两个分数将起到入场券的作用。

我得说，哪一条路要走好，都很难，没有明确的目标和无比强大的动力是难以做到的。

人才济济的 101 中学

101 是顶尖的高中，人才济济。这"人才"说的一是学生，二是教师。P 能同时走好两条路，跟这两条都有关系。

先说学生。高中的同学之间开始交流思想，交流学习方法，分享生活的乐趣。101 的同学都乐观向上，会学习，会寻找乐趣。P 在这样的同龄人之中，有收获，也有给予。每个孩子都有自己的目标和规划，而且脚踏实地地去实现。在这样一个群体里，有清晰的目标、有自主性、拼命学习、懂得寻找乐趣的人会乐在其中。P 正是这样，如鱼得水。水涨船高，一点儿都不假。

再说教师。首先是师德，教师们正直，对教书育人充满激情。其次是教学能力，教师们集体备课，每个人在课堂上呈现的都是集体智慧。101 的教师从来不加课，不搞题海战术，不鼓励学生进行课外培训，就是因为教师对教学质量有信心。

以前人们总是说，考不上一本才出国呢！现在不然，很多优秀的学生首选的是英美优质的大学,他们用自己的学术能力和优秀特质为自己争取到了接受顶尖高等教育的权利。P 也是义无反顾地踏上了这条路。

亲戚朋友有时候对我说,你给孩子的压力是不是太大了?反正要出国,还不如读一个普通高中,专心准备美国的考试得了,别让孩子那么累。其实真不是我逼着他。初中选择参加 101 的正常录取考试,是 P 自己的决定,他想要的他得到了;中考放弃名校国际部的签约,死等 101 的录取,他也得到了。他这么执着,一定有他的道理,一定不会被所谓的学习压力打垮。当一个人乐意去接受挑战的时候,没有压力,只有动力。

对 P 来说,所有的挑战和辛苦,有的预见到了,有的始料不及。但我确信:他一直乐在其中,无怨无悔。

忙碌的高一

高一才开学,同学里就流传一句话:都说中考难,谁知道高一比中考还难!是的,101 中学位列海淀区中学排名前三甲,能考进来的学生都是翘楚。

101 中学是很开明的,课程难度高,但课业负担不重,比较挑战学生自主学习的能力。高中的学业与初中相比上了一个大台阶,特别是物理和化学。101 中学高中部有不少博士学历的教师,有些理科教师可以全英文授课。高中的同学,都是又经历了一次大浪淘沙般被选拔出的。这些孩子经过了小学到初中九年的学习训练,在学习的功底、能力、方法等方面,个个"身怀绝技"。可以说,P 更多的压力来自同学。

另外,高中的校园生活更加丰富了。学校有学生自主创办的一百多个社团,覆盖学术、运动、文学、艺术、搞怪非主流,各种奇思妙想,而且，任何一个学生，都可以创办自己的社团。

上了高一，P就像上了发条似的，课内课外，校内校外，面面俱到。在高一的第一学期，P适应了高中学习，执行了托福的考试计划，创办了自己的社团，参加了一项生物方面的研究。不管他做什么，有一点是肯定的：他做的事情，都是出于主观意愿。他怀着热情做的事，不需要任何来自学校和家长的压力。他不但主动去做，而且很投入，很有计划，做得津津有味，究其原因，其实就是兴趣在驱动他。

假如家里有一个处在青春期的孩子，对家长来说最大的挑战，莫过于让他按家长的意愿去做事。家长最好在孩子进入青春期之前就帮他准备好，这个准备就是"有目标"：要成为什么样的人，过什么状态的生活？这种目标，越具体越好。

P有很多具体的目标，其中之一就是：高一暑假去美国大学读一个学分课程。树立这个目标，多亏了初二暑假P在斯坦福的学习经历，那次经历让P立了志。

"老师政治学"

P很幸运，从小遇到的都是非常好的老师。

在幼儿园阶段，我有意地很少跟老师沟通。我觉得，幼儿阶段主要是各种习惯的养成。我希望老师一视同仁，不希望P得到什么额外的关照，这是为了他能用自己的观察学会遵守规则，学会与小朋友相处、与老师相处。所以我相信，幼儿园的老师给P的不论是表扬还是批评，都是真实的，没有受到成人世界的干扰。因此，P得到的信息都是真实的，这帮助他学习准确地判断是非、正确地评价自己。

上了小学，我给自己定了一个规矩：不给老师送礼。逢年过节，我

学校教育篇　选对学校 事半功倍

会提醒P自己制作卡片一类的小礼物送给老师，这是为了让P在真实的社会环境中学会生存。在学校得到荣誉也好，批评也罢，受到老师的青睐也好，白眼也罢，那都是他自己的行为导致的结果，没有任何外在因素的影响，这才是真正的锻炼。

到了中学，我又给自己定了一个规矩：不要在期中、期末考试以后才去见老师，要挑平时的日子去。每次去学校的时候，都慎重地选择着装，得体地去拜访老师。有的老师课很多很难找，我就打电话。这个阶段的孩子，有了自己的思想，跟老师的沟通有助于我更好、更全面地了解P，好多事情也可以更好地未雨绸缪；跟老师的沟通也能帮助老师了解我们家庭的教育观念，了解孩子的家庭背景和家长的教育诉求。除了经常跟主科老师沟通外，我还特别留意跟副科老师的互动。历史、地理老师对我的拜访表示惊讶，他们说，这年头，还有哪个家长关心这些科目啊！我就跟他们聊，说地理、历史知识对搭建一个人完整的知识体系有多么重要。在我为P做的活动规划中，就有一些想法是跟老师们这么聊出来的！我还在P不知情的情况下，去看他的篮球比赛（这消息就是老师透露给我的），乐呵呵地看着女生给他递水喝。

关注孩子人文学科的学习状况，这是因为人文学科重在建构"人"的本体特征，而本体特征是决定一个孩子将来发展程度的主要条件之一。我们现在有许多孩子，既读不懂别人，也对读懂别人不感兴趣。现在都说情商重要，要培养情商，那么，首先就要提升人文学科的素养。

我太熟悉101了，太熟悉初中组、高中组的教师楼了。当P远赴美国，我再次去101中学办理他的档案关系时，我自己都觉得，这简直就是自己的中学。沿着白杨树大道，从一道门走到二道门，进入学校，经过铺满荷叶的小湖，进入教学楼，我不禁思绪翻滚，又依恋又感慨。P

在出国前，叮嘱我好好保管 101 的校服，特别是写满老师和同学签名的那件。在 P 出国以后，我又拜访了初中的老师，这份感激是真挚的，是老师们崇高师德的明证。

自发考托福

在申请斯坦福的暑期课程时我发现，对美国的中学生来说，最具挑战性的是大学学分课程，各个大学几乎都有开设，它接受 10 年级及以上的学生，修得的学分会被各个大学接受。当然，获得这种学分不是那么容易。另外还有一个重要信息：它要求国际学生必须提供 100 分以上的托福成绩，否则根本就没有资格申请。

P 初三的时候，我就已经开始盘算高一的暑假计划了。但是，P 的英语水平用托福考试的标尺衡量的话，到底在哪条线上？我心里没底，需要尽快了解。跟 P 一商量，我们就报了高一九月的考位，是骡子是马，赶紧拉出来遛遛。

P 的第一次托福是在北外考的，成绩出来是 89 分，四个部分都比较均衡。我心里一下就有数了。

申请学分课程的条件很清晰：托福分数达到 100 分。

有了初二去斯坦福的经历，P 从心里向往美国大学的学习，一心想尝试真正的大学生活，他当然愿意接受这个挑战！高一开始，这个愿望排上了日程。于是，P 马上执行托福的考试计划，目标是在高一寒假里，考到 100 分以上。

P 自己安排了备考计划，自己选择培训课程。他先报了托福基础班，25 人的班型，利用周末的时间，每天要上 6 个小时的课。P 上了一次课以后，发现基础班的授课内容不适合自己的进度，为了达到 3 个月后考到100分的目标，他马上就换成了强化班。强化班的课程难度、授课进度都更加适合他当前的水平和目标。其实，如果他自己不说，我是不会知道基础班不适合的。这说明，P真正对自己的学习负起了责任，他很清楚当前、短期和长期的目标，可以对进程进行及时的、有效的调节——这是自我管理能力的体现。

托福100分到底有多难？虽然P在课内的英语学习中一直体现出比较轻松的状态，但是我们要知道，初中毕业的英语词汇量要求是3500，而托福对词汇量的最低要求是8000，这个差距相当悬殊。3500个单词，是学生用小学到初中九年的时间累积起来的。考托福之前，要达到8000个的话，学生在记背单词方面的压力非常大。P积累的词汇量虽然比一般学生高一些，但是偏学术的、比较生僻的词汇对他也是巨大的挑战。但是，由于从初三的暑假就开始正式准备，P在时间上相对还是比较从容的。后来我也遇到一些学生，到了高二才开始记背单词，原先的积累又不多，所以分数就被词汇这第一道门槛拦住了。背单词最常见的情况是：一边背，一边忘，周而复始，痛苦不已。单词的记背肯定有一定的技巧，市面上此类的书籍也非常多，但是技巧是建立在一定的词汇量的基础上的。

托福的听力和口语也是很多中国学生的"拦路虎"。当学生听力和口语水平不行，拿不到分数的时候，一般人的概念是：听得不够、说得不够。于是很多学生花了很多时间、精力和金钱苦练听说，但是分数还是得不到有效的提高。这里面有一个问题被忽略了，就是听和说的质量。

侃侃儿谈

练就"有质量"的口语

我总结 P 的英语学习，在起步阶段属于生存式英语学习。他是一下子被扔到国际学校的冰球队里的，听不懂、说不出，他在球队里就无法生存。

当 P 加入到冰球队以后，第一个赛季，是他达到听、说的基本要求的过渡。这个基本要求是：教练布置的训练任务和战术可以听懂，在交流的时候敢开口讲话，确保教练和队友可以明白他在说什么。从第二个赛季开始，我们就有意地注意提高 P 听和说的"档次"。首先是扩大谈话的范围，增加各种类型的话题。冰场是一个特殊的环境，孩子们在冰上，谈话的语境还是很有限的。于是，我和 P 共同努力去拓宽话题的种类。

首先，我在每次看他训练的时候，会主动和家长们交朋友。西方孩子的家长都非常积极地参与孩子的体育运动。他们不但每次都亲力亲为地接送，还会认真地观看孩子的训练。逢到赛事，基本上是全家出动，为孩子呐喊助威。曾经有个美国孩子的奶奶到北京看望孙子，七十多岁的老太太，靠一壶热咖啡的支撑，坚持在冰场观看了整场训练。

所以，每次在冰场我都可以找到聊天的对象。开始，我自己也发怵，对自己的沟通能力不自信，不敢主动上去攀谈。我不主动开口，别的家长就认为我不讲英语，顶多就是点头笑笑。后来我想，我经历的也正是 P 经历的，我要求他多跟队友交流，自己得先做到。我的方法是先去跟家长们搭讪，问问场上几号是他们的孩子，记在心里，再把 P 指给他们看，让他们记住 P 的名字和号码。训练结束后回家的路上，跟 P 聊聊那些队友，帮着他去了解他们。

— 102 —

慢慢地，我跟家长的话题越来越广，聊电影，聊最近新看的书，聊各自孩子的兴趣爱好。他们也很喜欢了解中国的学校都上什么课，有哪些课外活动，有些中国菜怎么做……就这样，P在球队里努力交朋友，我在场下发奋练口语，母子两个都挺忙活！用了这样的方法，我们不再像P刚刚加入球队时那么"特别"了。场上的中国后卫，场下的中国妈妈，跟这群国际学校的队员和家庭逐渐融合。P经常被邀请去队友家里玩，在夏天参加烧烤活动，过生日的时候互相邀请，在万圣节和队友们相约去整蛊搞怪，我帮助孩子们化妆……在冰场之外，我们玩得同样开心。

所谓"拳不离手，曲不离口"。P浸在这样的语言环境里，这个环境从冰场延展到场外，话题越来越宽泛，语言的质量自然随之提高。

其实，在孩子成年以前，他的社交圈子绝对离不开家长的帮助。这在中外家庭都是一样的。

高一去 UPenn 读学分课程

P在高一的寒假，托福考到了103分，拿着这个分数，可以开始申请学分课程了。

美国大学提供的学分课程，是面向那些学有余力、愿意挑战自己的高中学生的。在高中阶段修习大学的学分课程，可以充分说明学生的学术能力。对于中国学生而言，修得美国大学的学分，无疑是对国内高中的在校成绩的很好补充。这会对大学申请起到很好的助推作用。

P初二暑假去了美国西部，高一暑假要去东部看看。我们选了康奈尔大学、宾夕法尼亚大学和乔治城大学。这三所学校的暑期课程选择丰富，网站页面非常吸引人。按照大学的规定，我们需要提交学校成绩单、教师推荐信、托福成绩和申请文书。我们用了两周时间,紧张地准备这些材料。那段时间,我花了大量时间在学校网站上。第一次与这些学校接触,就是自己一点一点摸索出来的,没有借助任何的外力,心里惴惴的。没想到,三所大学都发了录取通知,这时大概是五月。

申请美国大学的暑期课程,要求、流程和申请本科基本一样,只是竞争性不同。毕竟在2009年,申请暑期学分课程的学生还不多。所以,当高一暑假我利用P去美国的时间,研读本科申请的书籍时,感觉相对轻松,因为那些步骤流程我已走过一遍了。

P最终选择去宾夕法尼亚大学。一来宾大是常春藤大学,二来可以借机会了解顶尖的沃顿商学院。沃顿在P的心里一直有些神秘。行前,朋友介绍了一位沃顿的校友给我,他人在深圳,是沃顿深圳地区的校友面试官。P自己飞过去和他见面,可见他对沃顿的热情有多高。

P决定去宾大以后,马上着手选课。学校规定国际学生最多可以选两门课。P和我商量的选课原则是一文一理,而且故意避开了中国学生擅长的数理化,为的是挑战自己。P上高中以后,表现出了对商业领域的兴趣,于是我们选择了 Decision Theory,这门课程以统计学为基础,教授的是如何用数学方法解决商业问题。另一门课选择了 Communication,这门课主要讲西方文化背景下的沟通技巧。我先读了每门课程的 Syllabus,越读越激动:这些课程真的太吸引人了!我产生了一种冲动,一种要去学习的冲动,心想:自己在上大学的时候要是有这么多选择多好!选课的过程就像神游了宾大一番,真过瘾!还没有出发,我就开始羡慕P了!

这次暑期去美国,P还有一个重要的任务,那就是参观美国的大学,为一年以后的申请、选校做好准备。美国有那么多优秀的大学,为了选校的时候心里更有数，这次一定要多看几所。

美国的大学与国内不同，很少有在大城市的，大部分的名校都在中小城市、小镇甚至乡村。另外，美国大学还有综合性大学、文理学院、工程学院、公立大学、私立大学之分，规模从几万人到千把人不等，可以说是五花八门。一般来说，家长们对中国的大学都是有感觉的，一是自己读过，二是对地域、城市、人文和地理环境都有正确的把握。美国大学可就不同了。哪种学校最适合自己呢？最好亲身去看一看。P在选择小学和中学时，都是身临其境、自己挑选，借这次机会，大学自然要去实地考察。

由于P的课程是在暑假期间，大学的招生办公室都有固定的接待时间，有的还需要预约，这就又给安排行程增加了难度。我听取了好几个朋友的建议，有冰球队的美国家长，有在美国读过大学的同学，也有在大学任教的朋友，最终确定了参观名单和合理的路线，这些学校是：哥伦比亚大学、纽约大学、乔治城大学、明德学院、达特茅斯大学、哈佛大学、麻省理工大学、波士顿大学、鲍登学院等。

整个课程持续六周，加上参观大学，P的暑假就这样度过了。

16岁的P背着大包独自在美国旅行，头几天肩膀就磨肿了，住在十几个人一屋的青年旅舍。

在迪拜转机时，按规定，不满18岁的单身旅行者是不允许出关的，可P愣是出去了，愣是站在了迪拜塔下面。

初到纽约，P在Times Square购物时遭遇奸商。P选择勇敢地去投诉，商场保安跟着他去商铺理论。虽然钱没要回来，但是P跟保安大哥交上了朋友。他买的球杆就托管在保安家里。临回国前，他取回球杆，还请保安大哥吃饭。真是出门靠朋友啊！

侃侃儿谈

P是不娱乐不能活的。他在百老汇看《歌剧魅影》，在波士顿看红袜队的比赛……这些活动严重超出了我给他的经济预算。

所谓"读万卷书，行万里路"。不去行走，不去经历，就无法拥有广阔的见识和强大的内心。去经历，就会有故事，一个有故事的人，是注定要成长的。

对一个中学生来说，在申请大学之前，只有五个暑假。如果把中考、SAT和托福考试计算在内，真正可以放心利用的暑假只有三个。怎么充分利用这三个暑假去行走和经历分外重要。

沛恩小记

客居新英格兰北部十多年，有个好处，就是逛街购物可以口无遮拦地与家人朋友讲中文，反正当地"土著"也听不懂。最近这两年情况突变，小留学生如春笋般地冒出来，挤曝了周边的私立学校。每次在街上撞见那些一脸稚气，操着各式南北口音的学童们，我就会刻意收敛一下我满嘴的京腔，但在心里头还总会下意识地拿他们和沛恩小伙儿PK一下。

提起九零后沛恩，头次见面就觉得和他特有缘。十年前在后海的孔乙己，小家伙也就八九岁的样子，被虎妈妈朱丹领来参加聚会。当时他刚开始学打冰球，是下了课直接过来的，上身穿了一件印有Rochester, NY的套头衫，巧的是那座城市是我来美的第一个落脚点，在那儿求学打工先后待了有两年多。于是一股亲切感油然而生，一把搂过这个壮实的小家伙来了一张灿烂的大头照合影。

第二次再见已经是2011年的初夏，地点换成了波士顿郊外的地铁站。把车趴在马路边上快有半个钟头了，愣是没瞅到小家伙的人影。过会儿来电话了，说是刚看完红袜队的比赛，散场的人多，走得慢。我嘴上说是不着急，其实很有些不以为然，棒球这玩意儿在咱国内学校里应该不算是什么普及项目吧，一个上高一的小屁孩儿还挺会瞎凑热闹。往后的几天里我们叔侄俩混熟了，人家才亮出底牌，和着小屁孩打小就玩棒球，曾经代表北京小学组，出征日本打过对抗赛。话说2013年的暑期，沛恩在北京更是创立了"侃侃Sports"俱乐部，教同龄人一边说英语一边玩棒球，这是后话。

当沛恩终于气喘吁吁地跑到我跟前的一刹那，用句当下流行的话，我和我的小伙伴们都被他的一身行头给惊呆了。厚实的双肩背着一个硕长的专业登山包,包里面所有的东西仿佛在使劲往外鼓出来的样子,可见份量十足,少说得有百十斤重。再瞅他两手各攥着一支色彩斑斓的冰球杆,和他身上穿的 Hollister 潮衫倒是颜色很搭配。我问他为什么要随身带着球杆儿,他说是前些日子在费城宾大过夏令营的时候买的。"留个纪念,没准我后年申请宾大会交好运!"嘿,这个冰球、棒球通晓的小子口气还真不小。我这才意识到当年那个胖乎乎的小家伙已经长大了,未来几天要照顾好的是一个高出我半头的大小伙儿。

回到家里,最开心的莫过于我家的两个女儿,虽说相差十来岁,姐俩儿不一会工夫就和帅哥混得很熟的样子,玩起了搭积木。有意思的是她们会很自然地称唤他的英文名字 Payne,一打听是在北京的冰球教练给起的,不错,很 man 的名字!

有女孩缘还不算完,出门碰到了两个邻居,一个从小在布鲁克林长大,一个来自新泽西,二位对我这"大侄儿"只身一人跨洋旅行的经历很是好奇,从宾大夏令营,到北京的日常生活,一股脑问了一大堆问题。沛恩的美式口语是出乎意料的地道。更让我惊奇的是他交谈中显露出跟年龄不大相称的沉稳劲儿,有一种低调却很自信的范儿。回想起我当年上高中的青涩时光,在天坛祈年殿下,好不容易鼓起勇气和一老外不疼不痒地扯了两句半,那才叫做不折不扣的小屁孩。

第二天正赶上我的入籍日,我提前招呼了老友保罗和他的大胖小子山姆,约好了在仪式地点见面,又忽然想起一位当地的中国友好人士鲍勃,于是打电话过去问他愿不愿意给我捧个场。老鲍毕业于 Bates College,曾做过中学历史老师,张学良和宋美龄是他最喜欢和我闲扯的两位敌人,对我大中华历史文化的了解程度,可以说远远超过把全国棒球联赛冠军唤作世界总冠军的当地"土著"们。此公唯一的毛病是话痨,

学校教育篇　选对学校 事半功倍

果不其然在车里一坐定，就一见如故般地跟沛恩海聊起来。不得不承认，比起我的那两位邻居，鲍公的问题绝对更给力："你们班上苹果手机占有率是多少"，"北京的空气污染很严重，政府是不是只管经济建设不考虑环境保护了"，"中国高教普及化，大学毕业生就业难，这是不是你想到美国读本科的原因"……十来分钟的车程，我的耳朵里灌满了从后座传过来的狂轰滥炸，心里真有点儿为沛恩不落忍。从后视镜望过去，小伙子还是一副耐着性子的样子，做到有问必答。一瞥见镜子里抻着脖子的我，马上会意地挤挤眼，扭过脸去照样笑咪咪地对着滔滔不绝的鲍先生。

入籍仪式设在地区法院的一个装修考究的大厅里，大理石地板，桃花心木包饰的墙面，还有巴洛克式雕琢的吊顶，无不被我这个手拍控一一拍下。沛恩反倒没有怎么向四周张望，就稳稳地在那儿一坐。这孩子身上那种说不出来的酷劲儿是越发地显示出来了。当叔叔的觉着这是基因使然，八成是从他那个做生意的老爹那儿继承下来的，当然虎妈妈朱丹的后天调教也不能脱掉干系，读者们还是自己从书里找寻答案吧。

我的宣誓细节就不多表了，得瑟一个当天有趣的小插曲。鲍勃在仪式过程中依然以他的方式继续中美对话，搞得沛恩同学有些招架不住，据他事后讲，老鲍的声音引起坐在前排的保罗父子的侧目。待仪式结束，我们几个凑在一起碰个头，没想鲍公兴奋过头，向初次见面的保罗提出很私人的问题，保罗面露愠色，场面颇有些尴尬。还没等我想好怎么打圆场，沛恩竟头一个开口打岔，建议我和大家分别来张纪念照，这招果然灵验，老鲍撂下了保罗和他儿子，抢先拉着我站到星条旗下，沛恩马上跟进，按下快门，咔嚓咔嚓！时至今日，每每提起当天的情形，保罗仍会不迭地夸起我这个大侄儿，a smart kid！

— 109 —

侃侃儿谈

　　Smart kid 的新英格兰北部之行有一巨大收获，就是走访了三家著名的文理学院：新罕布什尔州的达特茅斯大学，缅因州的鲍登学院及佛蒙特州的明德学院。按照沛恩事后的总结，达特茅斯的 open house 组织得最全面，先是招生办做了一个细致的讲座，然后由在校生领着详细参观校园。鲍登学院更重视拿本校毕业的历史名人说事，反复强调面试的重要性。唯独这个明德学院，校方没有安排任何正式的讲座，从缅因州去佛蒙特州的一路上，经过 Quechee 小峡谷，穿过疯狂河山谷（mad river valley），还要掠过数不清的大小牧场，可谓是"九曲十八弯"。就连平时超稳的沛恩同学也禁不住感叹一把："叔，您说挺好的一学校怎么会建在离城市这么远的地方？"虽然是这么说，我知道他其实是很想尽快目睹这所与藤校齐名的名校真面貌，和他一块打冰球的一个小伙伴已经幸运地拿到了这里发出的录取通知书。等到了校区，一直在找标志的我俩都禁不住乐了，原来这是个典型的没有围墙的校园，占地面积不大，最醒目的建筑物算是那座以 New balance 前董事长命名的图书馆。走进馆里，透过楼梯旁的落地玻璃窗，可以看到不远处教堂的白尖顶及掩映在浓密绿荫之下的主街，好一派田园小镇风光。由于是暑期的缘故，在阅读室里看书的人寥寥无几，沛恩这回倒是摆出一副很好奇的样子，把整幢楼所有允许进去的地方都探寻了一遍。

　　学院的访问中心设在主街对面的一个老房子里，里面有几个值班的在校生，其中一个 ABC 女孩儿吸引了丛同学的注意，他上前和她聊了一通，问了几个不痛不痒的问题。有意思的是从中心一走出来，小伙子突然站住了，很严肃地向我征询意见："您说我和那个女孩儿要个邮件地址行吗，万一以后我有什么申请方面的问题，我可以联系她。"不承想等我们一路小跑地折回去，美丽女生已不见踪影，换了一个瘦高的小

学校教育篇　选对学校 事半功倍

白孩儿留守前台，沛恩欲言又止，一脸失望的神态。

在镇上一家小店吃午餐的时候，沛恩仍然没有从低落的状态中调整过来。不一会儿，胖乎乎的女服务员向他主动搭讪，他倒还是很礼貌地解释了一下自己手上那道伤疤的来历，这个女生听得很认真，并起劲地拉过我大侄儿的手要再看个仔细。在一旁作陪的我啃着三明治，暗暗地羡慕他的这份走到哪跟到哪的女人缘。

啰啰嗦嗦地码了这一堆松散的文字，目的无它，就是刻意从冷角度勾勒出一个虎妈妈平时眼里看不到的沛恩。他的功课到底有多好，冰球场上到底打得有多出色，我其实并不清楚，只知道在这短暂的几天里，我看到的是一个既阳光又真实的九零后，一个喜欢听 Lady Gaga，很有女生缘的帅小伙儿，一个比同龄人性格更成熟，又不失孩子气的北京来的高中生。懂得对所有的人都友善，同时也得到周围人的喜爱，就从这么貌似简单的一档事儿，让我发现了他最出众的地方。加油，Payne，许叔和他的小伙伴们看好你！

许航

*许航：一个生在北京、长在北京的"70后"，20世纪末赴美留学，现定居美国。

SAT 这只"老虎"

托福达到 100 分以后，就是进攻 SAT 的时机了。

美国的大学录取首先考核的是托福成绩。作为语言能力的测试，托福更能够说明母语非英语的申请者的生存能力。托福的听说读写四个部分，正是按照这个考核目的设置的。就像解决了温饱再奔小康一样，准备 SAT 考试还是要有一个循序渐进的过程。如果托福没有达到基本分

侃侃儿谈

数就去准备SAT的话，就像是本身弹药就不多的部队，还东打打、西打打，分散了火力，最终哪个阵地也攻不下来。孩子的托福达到基本分数以后，SAT的分数也就有了基本保障，这时候再去培训提高，才是正确的策略。一城一池，稳扎稳打。如果还有余力，能够考SAT2，就是锦上添花。

SAT有三个部分：数学、语法写作和阅读。三个部分分别占800分，总分2400分。也就是说，在SAT考试中，英文的比重达到了2/3。这充分体现了美国的教育观点：阅读理解和写作能力是学习能力的基础，也是考核的重中之重。那时，我已加入了Ivy Labs团队。我们机构的美国同事，一般都能说会写，就是因为美国学校重视阅读写作，基础打得好。还有一位美国老师，当年的SAT阅读是满分，只考了一次喔！问她怎么做到的，她回答说："很简单啊，我从小到大读了很多东西。"你看，这就是真正的阅读能力，拎出来就能考，不需要多次刷分。

词汇是第一只"虎"：很多人都知道，不管是托福还是SAT考试，都必须词汇先行。可是，很多人不知道这道门槛到底有多高。让我们来看几个数字。

按照我国的教学大纲要求，高中毕业生须掌握的英文词汇是5500个，而托福的词汇量要求是8000~10000个，SAT的词汇要求是10000~12000个。需要注意的是：普通高中生的5500个单词，可是从小学到高中的12年间积累下来的，而且从5500到12000当中欠缺的单词中，还有很多生僻的、非常学术的词汇。屈指一算就会知道，如果一个学生从高一开始准备托福和SAT考试，到向大学提交成绩前，有两年的时间准备，这期间他有一个多高的门槛要过！何况，好多学生并不是从高一就开始准备的，时间仓促，难度可想而知。所以，词汇一定要先行，要早动手储备。

P在跟冰球队友的交往中，不知不觉扩大了词汇量，而且都是非常常用的高频词汇。遗憾的是，他在阅读方面下的功夫不够，意识不强，这是我对他的提醒不够，要检讨。

对词汇书籍的选择，也要费一点儿心思。除了俞老师的红宝书之外，还有很多词汇材料，什么顺序版、乱序版、词频统计版，不一而足。如何选择一本适合自己的？所谓适合，是指适合自己的学习方法，对自己奏效。找到了，就要一门心思背起来。我见过不少学生，手里的词汇书不少，可没有哪本能真正背完。况且，只背一遍是远远不够的。

逻辑是第二只"虎"：现在美国大学越来越重视申请者的SAT阅读成绩，因为这是中国学生的软肋，而且不是一朝一夕就补得上的短板。本来想说，阅读是第二只虎，可是想来想去，阅读的问题从根儿上讲，就是词汇和逻辑的问题。

和中文阅读一样，英文阅读也是细水长流的功夫。很多孩子从小读英文原版就少，学校里读的又都是短文，而且文体和文章的话题也有限，因此在SAT的阅读中，碰到篇幅长的文章首先心理上就发怵，之后更是被那些长难句搞得云里雾里。当文章涉及英语古典文学或科技领域时，孩子就崩溃了。

去年，我所在的教育机构Ivy Labs针对这种情况，开设了在线的与美国学生同步的阅读课程，由美国老师导读，引导学生进行课堂讨论，反响很好。

美国大学在学术能力上的要求之高、入学后阅读量之巨大，P在斯坦福的Public Speaking课程和宾大的Communication课程上都体会到了。他非常明白，没有真才实学，在美国的大学里头混不出来。

侃侃儿谈

有很多学生都说，明明字字都认识，可就是无法正确答题，P也遇到过这样的情况。当时，我请教了北大英语系翻译专业的研究生沈希，我请他帮助分析P的错题，因为我们需要先搞清症结所在，而不是急着去上培训课。结果我们发现，按照中国式的阅读答题思路，去解SAT的阅读问题是不行的。阅读时，要注意预判作者的思路，懂得出题者的思维逻辑才能答对题。Critical Reading包括提问的能力和筛选信息的能力。就像很多高分的学生在做中国的考卷时，一看题目，就知道人家在问什么，知道如何快速选出正确答案，或者如何使用排他法去除非正确答案。多多练习是有必要的，学会总结错误更有必要。其实，很多基本的学习方法都是相通的。P在101中学经受多年的训练，最宝贵的收获就是掌握了学习的方法。

当然，不是所有在国内体制下获得高分的孩子都掌握了有效的学习方法，但是，凡是在SAT考试中成绩不错的学生，他的课内成绩一定也不差。

写作是第三只"虎"：虽说写作也有套路，但是写作考试的目的，主要还是考察学生表达观点的能力。表达观点的逻辑和层次要清晰，还要有理有据。SAT作文要求鲜明的观点、恰当的事例、严谨的结构、娴熟的语言和连贯的、不断深入的论证。

P在宾大暑期写的作文被旭鹏老师评价为"一坨一坨的，没有章法"。

P也经历过记背写作素材的阶段，因为那时他头脑里的素材不足，无法让他在考试的有限时间里，快速说明观点。背那些名人轶事，好处是容易与阅卷者达成共鸣，可以偷换通用的概念。记背写作素材是SAT写作初期的一个捷径。我曾经把所有的写作素材做过分类，一条一条裁

— 114 —

剪粘贴，再拿去复印，然后装订在一个大夹子里，方便他查找、记忆。读他的作文，我能感觉到他的逻辑层次日渐清晰，用词由简单到高级，句型运用越来越信手拈来，论据由简单引用写作素材里的，到旁征博引、游刃有余，慢慢地进入佳境了。这就跟打冰球一样，先练好基本动作，运用熟练了，场上去发挥吧！

申请大学，跟分数较劲

2012年的8月，P的大学申请正式拉开了"战幕"。

看似奇怪，我们一点儿没有紧张感；实则不怪，渠已挖成，水自流。

分数是申请大学的入场券。就跟金钱一样，分数不是万能的，但是没有它是万万不能的。很多学生会拿分数跟学校的排名画等号，这不完全正确。不同等级的分数，使学生有资格进入不同等级的大学招生办的入选范围。如果分数不达标，即便其他方面有独特之处，恐怕也没有展示的机会。现在，中国申请者的数量逐年以几何级增长，很多优秀的学校就是在分数那里画一条底线，达不到最低要求的申请材料，常常在first reader那里就被淘汰掉了。也就是说，拿不到入场券，你根本就没机会进一步展示自己。所以说，分数就是硬实力。

关于刷分我很有感触。每年都有一些学生反复地考，但是每次分数提高都不多，个别悲催的甚至还倒退。这让我想起NBA明星艾弗森的故事。他身高1.83米，却在强者如林的NBA赛场从容得分，获得过4次得分王、3次抢断王。他说："我把每场比赛都当最后一场来打。"我希望孩子们把每次考试都当最后一次去拼，不要想着下个月还可以再考，不要总对自己说还有退路。

到了申请当年的 8 月，P 已经有了托福 107 分和 SAT2070 分以及 SAT2 数学 800 分、物理 800 分、化学 780 分的成绩。P 自己有足够的信心把分数提得更高，但是，要做到很难。这时候，我要做的就是给他减压。

我时常提醒自己，要了解孩子的极限，不能一味追求学校的排名。那一段时间，我会跟 P 讨论——排名和开心，到底哪一个更重要？我们假设，P 同时被两所大学录取，一所排名较高，尽人皆知，但是学术类型、地理位置、同学的类型可能都不是自己最喜欢的；另一所不为人熟知，但是有自己喜欢的院系和专业，位置、气候都满意，身边都是同道中人。说白了，两双鞋，一双好看挤脚，一双舒适顺心。P 说："我要后者，是我穿鞋，又不是别人。"

达成了共识，P 在追求分数的时候，就是单纯地挑战自己的学术能力，而不是功利地追求名次了。这样，不论申请结果如何，他都会坦然地笑到最后。这种心态在申请阶段非常重要，P 能够保持清醒，内心不纠结，在申请文书中非常自在地展现本我。到最终提交常规申请时，提供的是托福 113，SAT2180 的成绩。

如何选校

我闭上眼睛，想象 P 在大学校园里的样子：室外是什么温度？宿舍里的书桌是什么样子？抬头看向窗外是什么景色？餐厅的饭菜有丰富的选择吗？班级是多大规模的？图书馆有足够的资源以供学习吗？学校里都有什么球队？周末他如何度过？想看电影、看比赛、看演出的时候，他能与朋友结伴同去吗？他生活在那里，自在吗？

我就是这样考虑选校问题的。在日常咨询中，家长问到最多的也是选校问题。如果是参加国内高考，填报志愿时家长也许不会这么迷茫，因为我们了解国情啊，一说哪个省、哪个城市，你是不是心里都明镜似的？什么气候、什么风土人情都很清楚，但说到美国的大学，你就不太清楚了。而且，中美大学还有两个显著区别：一是学校类型，一是地理位置。

学校类型：咱们国内的大学基本都是综合性的，而美国有文理学院，有的综合大学里套着文理学院，比如哈佛就有本科文理学院，也有独立的文理学院，比如冰心和宋氏三姐妹就读的威斯利学院，就是女子学院。独立的文理学院规模较小，国内有的中学一个年级的人数都比它多。

地理位置：国内的大学基本设置在大城市，而美国好多名校都在乡村或市郊，有的干脆就在山谷里，有的被玉米地或森林包围。

这就是家长们迷茫的原因。家长也有两种类型，有的太纠结在选校上了，事无巨细都要了解，我遇到过连菜价都要了解的；也有的只看排名，把个南方长大的男孩送到 Carlton 去了。冬天下雪，孩子在宿舍几天没出门，一开门就傻了，大雪把整个门都封住了，结果那孩子就出现了精神抑郁。看来，关注选校要适度，两个极端都不行。

大学排名固然重要，但我想，孩子 18～22 岁这四年，是多么黄金的四年啊！我在乎的是，他这四年的每一天都是怎么度过的。学校的排名，显然应该让位给匹配程度。我希望 P 可以去到一所能够激发他最大潜能的学校，就如 101 中学那样，给他无限开放的空间，潜移默化地影响他，不断地将他推高，这就是真正的适合。

我自己是通过以下途径了解学校的：首先了解美国大学的分类，然后再去查看每所学校的具体信息，最后去看学校网站。

侃侃儿谈

市面上有很多相关的书籍。我除了看中文书以外，也参考了球队家长推荐的 *Fisk* 和 *America's Best Colleges*。这两本年鉴式的书都是每年更新的。我一边读，一边制作表格，为以后选校做好准备工作。

我制作的表格里包含的信息有：

- 综合排名；
- 学校的地理位置特征（是城市、郊区还是乡村，最近的大城市是哪个，距离多远，最高和最低气温）；
- 托福和SAT要求（特别标注了Reading部分的要求，因为这是大多数中国学生的软肋，美国大学特别看中这部分的分数）；
- SAT2的科目要求；
- 早申和常规申请的日期；
- 早申和常规申请的录取率；
- 学校本科部分的总人数；
- 国际学生比例和亚洲学生比例；
- 最强的专业（通常也是学校资源分配最多的专业）；
- 学术难度的评级；
- 生活和社交指数的评级；
- 毕业率。

表格按综合性大学和文理学院分类，制作了两份，一份叫《P的University》，一份叫《P的Liberal Arts College》。

说实话，我花了无数个晚上来完成这两张表格，终于赶在P高二暑假之前全部完成。虽然Ivy Labs有绝对足够的基础信息，虽然通常都是由导师来建议选校的，但我还是愿意自己亲手制作一遍。这是我的心意，我相信这份被妈妈浓浓心意包裹的学校表格，会为 P 带来好运！

现将美国大学的类型和特点，总结如下：

1. 美国东北部是美国文化的发源地，就像北京市的海淀区一样，历史悠久，底蕴深厚，名校云集，教育资源丰富；
2. 大多数学校都在远离尘嚣的乡村，在城市里的学校相对较少；
3. 位于繁华都市的学校，比如 NYU，生活便利、接近社会、实习和就业便利、顶级的客座嘉宾讲座多，但校园的生活氛围相对贫乏，学生之间缺少凝聚力；
4. 位于乡村的学校，各种各样的俱乐部和学生团体众多，拥有大片绿地和多彩的校园生活；
5. 公立还是私立，综合大学还是文理学院，学校的规模和国际学生比例，都需要比较和考量；
6. 几乎所有大学都鼓励学生跨学科、跨学院选修课程，学生可以结识不同专业的朋友，建立跨学科的人脉关系网；
7. 综合性大学通常与各类企业建立合作项目，开设与各项专业结合的教育项目，让学生的实验和研究项目与企业直接挂钩；
8. 在了解学校的方法上，家长应该尽量去获取一手信息，最直接的方法就是去看学校网站。当然，如果可以实地去考察就更好了；
9. 如何在大学网站找到有用的信息（常常在以下栏目里）：学术信息（Academics）、校园生活信息（Campus Life）、体育运动（Athletics）、招生政策（Admission）。

对于二手信息，家长要分析着听，自己去判断可信程度，有的信息也是非常靠谱的。比如，P 在做申请时，我向办公室里的几位老师征询意见，他们对 P 都有一定了解，有的还亲自给他上过课。几位老师分别

侃侃儿谈

毕业于哥伦比亚大学、杜克大学、布朗大学和康奈尔大学。当他们逐一分析时，我甚至不用问为什么，我相信他们的直觉。

有些家长拿着二手甚至三手的信息，去到处打听，使自己陷入各种道听途说的纠结中，心情可以理解，但方法实在不可取。无法去实地了解的学生和家长，可以好好利用网络。

文书素材

美国的大学除了考核学生的各项分数之外，还给学生另外两个呈现自己的机会，一个是个人简历（下文另行说明），另一个就是文书。文书不像简历那样规矩，题目是五花八门的，不同的学校会有不同的附加文书要求。申请人可以自由选题，但是字数有限制。个人陈述通常是650字符，短文书规定250甚至150字符。招生官根据申请者所选的文书题目以及如何回答这个问题，来进一步了解和判断学生。这就有意思了。

好比一个优质女生在相亲。首先，女生要看看男生的简历，如果各项条件都符合基本要求，就可以见面了。见面就要交谈，女生会尽量让男生讲，由此判断男生是一个什么样的人，关键是他是不是自己要寻找的类型。这时候，男生要展示自己的各个方面，用自己的魅力去吸引这位女生。假如这位男生经历很丰富，兴趣爱好广泛，那他一定有各种故事可以讲；假如男生的生活是单调的，那可就不妙了。

任何一个18岁的人都是有经历的，问题是：你的经历是否与别人雷同？

很多的孩子，最熟悉的是学校和培训学校，不曾远离过常驻地，没有真正的好朋友。这些孩子的经历非常相似，他们缺乏阅历，没怎么跟人、跟社会打过交道，他们是缺乏故事的人。

跟"女生"见面的时候，讲什么呢？有一个这样的文书题目：Evaluate a significant experience, achievement, risk you have taken, you have faced and its impact on you. 即：讲述一次特殊的经历、一项成就或你曾经历的一次冒险以及它给你造成的影响。对这样的题目，好多学生是无言以对的，因为他们的青春太单调了。

芝加哥大学曾经出过这样一个文书题目：What does Play – Doh? have to do with Plato? 即：培乐多橡皮泥和柏拉图有什么关系呢？就是这个题目，当年挡住了很多想做申请的学生，就因为无从下笔。

寻找适合自己的大学，就像寻找女友。一个有故事的人常常是各种聚会和社交圈子里的焦点。如果不是焦点，至少他很有趣；如果不是很有趣，至少他有自己的特点，这样的人，一定能找到有共同兴趣的女生。

平时的GPA、托福和SAT分数，就像是海选的条件。假如你过五关斩六将，好容易获得相亲的资格了，人家女生等你讲故事，可你呢？我们在帮助学生挖掘素材时，常常听到孩子说："老师我没啥可讲的。"

P算是一个有故事的人，写文书的时候不缺乏素材。但仍然面临一个更大的挑战：就像如何将散落的珠子串成项链一样，如何把每一个素材利用好，如何把故事讲得精彩呢？

首先，让咱们先把珠子都摆出来。

我曾经为P写成长日记，记录点滴小事，记录心情感受，此时可派上大用场啦！我收集他所有的奖状、奖章，他的照片和各种小作品，我尽可能参与他的大小活动，我们有很多的交谈和分享。于是，我在P高二的时候，开始着手整理这些碎片式的记忆。我先是把那些或是有趣、或是惨痛、或是离经叛道、或是不务正业的故事制作成一份 word 文档——整理、记录，但是不做筛选，因为这是他的申请导师的工作。在导师眼里，没有不重要的事件。虽然我"盛装出席"了 P 的童年，又从他初一开始，正式地对他的课外活动进行了规划，但是申请环节的具体操作，必须请专家为他掌舵，必须借助专业机构的力量。

我最后的成品是一个 PPT 文件，文件的名字是《亲爱的 P》。这是只有我才能做的事，责无旁贷。PPT 里是一个在各种"玩儿"中长大的男生，他热爱的体育运动，他和莫逆之交的友情，他的各种奇怪爱好，都活生生地呈现出来了。Ivy Labs 的创始人孙小秾老师后来跟我说，她看这个 PPT 的时候，一会儿笑一会儿哭。孙老师从业多年，阅学生无数。如果 P 的故事能让她笑中有泪，那我这个总结工作做得就合格了。

作为父母，找出孩子身上最令你骄傲的特征，就把住了他申请大学的命脉。

打磨简历

Common 网上申请的表格就是一个大简历，其中最要求填写技巧的是获奖情况和课外活动情况。P 高一第一学期申请暑期学术课程时，三所大学使用的申请表几乎就是 Common 网申表格。我和 P 曾在没有任何外力帮助的情况下，用几个晚上研究和填写。所以，我从那时候起，就知道课外活动要求填写十项，需要提供每周从事该活动几个小时、共持续了多少周这样的信息。这其中的学问很多，比如十项活动怎么排序，在字数受限的空格里，怎么描述这项活动等。

Common 网申表格与学生的推荐信、文书和成绩单是一个整体，各个部分要起到互相印证的作用，逻辑关系很强。

一份好的简历，是需要打磨、打磨、再打磨的。

选择推荐人

大学需要知道：在别人眼中，你是谁？因此，推荐人要提供的是第三方意见。推荐信要避免假大空，真实可信最要紧。

选择推荐人有几个原则：找相对客观一些的、和你有神交的、真正赏识你的人，避免那些对你只有概念性的认识，或虽然位高权重，但和你并没有交集的人。一般来说，大学要求提供的是中学教师的推荐信，通常是三封。

在选择推荐人时，孙小稑老师是这样为 P 建议的：必须选择一位理科老师，因为 P 读的是理科实验班，需要一位理科老师来阐述 P 在此方面的学习能力；尽可能选择一位文科老师，因为 P 的课外活动中有爱好中国历史和文化的内容，我们需要展示一个理科男的人文情怀；再选班主任或年级组长，在课堂以外与 P 有接触的人，P 的社团活动在 101 中学小有名气，要有能从学习以外的方面评价 P 的人。

P 首先选择的是他的化学老师。虽然化学不是他最强的科目，但由于化学老师是个羽毛球迷，师生二人对运动的共同爱好，使他们的个人关系比较密切，因此，P 和化学老师亦师亦友，自然而然地较多地讨论学习中的问题，老师自然更加了解 P。

文科老师，本来想选身兼班主任和英语老师的刘老师，但我突然想到教历史的李凯老师——P 和李凯老师之间是有故事的。李老师知道 P 追京剧《白蛇传》的经过，对 P 有一点点欣赏吧。后来，P 在课内学习中，针对世界历史各个时期的经济发展问题和李老师有过探讨，又拿乔布斯对当今世界人类沟通方式的巨大影响做过比较，所以李老师推荐

侃侃儿谈

P，是有故事可讲的。这些故事既反映理科生的人文情怀，又印证了 P 对经济的热爱。

第三位推荐老师是王涛副校长。P 搞冰球社、提议建设冰场的时候，隔三差五去敲王校长的门，后来开设冰球选修课也是校长班子确认的，王校长了解他在校内的活动，是最佳人选。

王涛副校长的推荐信部分内容如下：

Apart from his grades and awards, I'm especially impressed by his aspiration to promote hockey school-wide and city-wide, for which I've had a considerable amount of face-to-face communication with him. Shortly after entering our school, Payne founded the school hockey club, which was also the first of this kind in all middle and high schools in Beijing. Since ice hockey had strict requirements on ice rinks, skates and requirements, Payne chose to promote road hockey in my school which could be played on normal playgrounds. Since hockey was comparatively unfamiliar to the general public in China, there were only a few people who applied to join his club. However, Payne didn't give up, and edited several video clips to broadcast on the school's TV channel to promote the unique benefits of hockey. His efforts had successfully enabled him to recruit nearly 20 members, and after receiving more and more attention, Payne came to the dean and asked if we could start a new credit-bearing elective course on hockey. He volunteered to serve as the coach, and managed to collect several hockey sticks so any students who wanted to enroll wouldn't have to worry about requirements. Impressed by his efforts and passion, we gave Payne permission to offer this course, which became the first elective instructed by a student. I was invited to audit his class, during which he gave concise directions to his peers, showing both expertise and infectious passion. His class also drew attention from the social media, including the Sports Channel of www. sina. com, one of the most influential websites in China.

What's also worth mentioning is Payne's bigger plan following his initial success in the hockey class: to build an indoor hockey rink at No. 101 High School. He did research and contacted several different international companies that offered ice rink facilities, and submitted well-organized, informative proposals to the school board. During one of the negotiation meetings with the CTC Group (a Canadian company specialized in designing and building ice and snow facilities), Peien served as the Chinese-English interpreter, and well facilitated the conversations between me and the CTC representatives from Canada. Due to many factors regarding administrative issues, financials and regulations, our school couldn't offer him the permission to build a indoor rink at this moment, but Peien had never given up. "No reason to give up, this is fun!" He told me, "I'm planning to branch out beyond our school community, and maybe…teach another hockey class at Tsinghua University!"

大多数学校要求三封教师推荐信，也有比较另类的，比如达特茅斯大学，要求一封 Peer Evaluation。我觉着这个最有意思！人们都说，要了解你是什么人，可以从你交的朋友那里得出结论。Peer 是同辈人，你常常可以从同龄人眼里看到一个更真实的自我。招生官也想从这个角度了解你，所以，首先，你得有个死党。P 好像有那么几个。他最终选择了高一开始就去了加拿大的 Randy 为他写评语，而且放弃了在提交前自己先阅读的权利。这相当于交了半条命到 Randy 手里吧！这正也是感动人的地方。各位看官此时有没有很壮烈的画面感浮现于你们眼前？

智斗 EA/ED 学校

美国大学的申请分为早申请和正常申请。其中，早申请又分为早行动（Early Action，简称 EA）和早决定（Early Decision，简称 ED）两种。还有的学校采用滚动录取（Rolling Admission）政策，申请这样的大学宜早不宜迟。

早申请原本是大学为了在招生中吸引更多的优秀申请者而采用的策略。为什么这么说呢？由于早申请比常规申请提早两个月截止，所以，只有准备得早、准备得充分、自身条件过硬的学生，才有资格去参与早申请，因为有很多的学生在早申请的截止日之前，根本就没有考到比较有竞争力的分数，或者压根儿没有写好推荐信和文书呢！同时，早早地向心仪的大学示爱，被接受的可能性的确比在常规申请中的概率要高。

近几年，情况变得复杂了。一些顶尖的大学纷纷质疑早申请政策的公平性，而且大学发现，越来越多的学生拿早申学校做保底，学生在常规申请中，拿到更好的 offer 就不会来报到了。但是，发出 offer 以后的报到率，也是 USNEWS 给大学排名的指标之一。所以，这些年大学在发早申 offer 时，越来越慎重了。

P 在早申阶段选了一所 ED 学校，两所 EA 学校。文书和推荐信都准备好了，但是 SAT 分数还不是特别过硬。有些学校很牛，比如斯坦福，它的早申请是限制性的，参加了它的早申，就不允许再申其他学校。也就是说，这姑娘比较骄傲，你只能给她一人送花，不允许你留后手，只有你等着她挑选的份儿。

很多家长在选校的时候表现出六神无主的情绪，也暴露出对学校排名的过份关注，反复变更学校。此时，请专家帮助尤为必要，了解自己孩子的极限也非常重要，最忌讳道听途说，应该自己静下心，把学校的 research 做好，将各个学校的特点都烂熟于心。"大战"当前，"作战计划"咱不能老改。要想气定神闲，就要提早动手做好准备。

文书写作——"照镜子"

前文把硬分数比做入场券，这里又有一比：硬分数有点儿像全能体操比赛里的规定动作，规定动作结束后，咱们做个排名，这时候有些选手就已经出局了。再跟着进入自选动作，这时候，有些擅长表达自我的选手就脱颖而出了。硬分数合格以后，一旦有资格进了大学招生委员会的选拔范围，好戏就开始了。

什么好戏？讲故事。讲你是什么样的人，讲你是怎么长大的，讲你的奇闻趣事。总而言之，讲作为一个中国孩子的成长故事。有好的故事素材，还需要有会讲故事的人。每一位导师，都是一位故事讲述者。即便是同一个故事，同一个人物，不同的导师都有自己独特的视角和叙述方式，讲出来的故事也一定不同。就好比张纪中和吴宇森，诠释的是完全不同的三国一样。我说 P 很幸运，因为当时有旭鹏老师和孙老师为他策划。

最先开始写的是个人陈述（Personal Statement），这是申请文书中的重头戏。好吧，你长到 18 岁了，现在给你一个机会讲述自己这 18 年，限 650 词。疯了！这得多浓缩、多精辟、多难写啊！

P 的第一版个人陈述，好像是 2000 多词，还没有写透。旭鹏老师约见 P，我参加了"座谈"，那是在中关村教堂附近的咖啡厅。旭鹏老师刚讲课回来，P 那时正在准备 10 月的 SAT 考试，从家里赶过来。整

侃侃儿谈

整五个小时,旭鹏老师一直在跟 P 谈,他们重复着提问 - 回答的模式。旭鹏老师的问题非常细致,问到用来练习射门的床垫的外套是什么颜色,问迪拜海关放行 P 出关的女边境官是什么身材,问打折球杆的时候用哪个词来形容自己的心情,问郭涵校长说"给你一个湖"的时候为什么没缓过神儿来……她一边问,一边快速地将 P 的回答记录在笔记本上。P 被拷问得体无完肤,大喊"好累",完全是一副被旭鹏老师逼到墙角,无处遁形的感觉。这是挖掘文书素材的一种手段,聊完以后,你会觉得自己想清楚了好多。从下午到晚上,旭鹏老师的笔记洋洋洒洒好几千字。我在一旁,充当必要时的信息补充者和蚊子的"晚餐"。后来,这几千字的原始素材被浓缩成了 650 个英文单词,没有一个无用的词儿,没有一个多余的标点。

个人陈述

When failing to find an affordable rink in Beijing to play hockey every day, the 8 - year - old I began to practice dribbling on a plastic board, childishly dreaming of a "fake ice rink" that could roll out like carpet and never melt under the sun. Now at Carnegie Mellon University where innovations and strong work ethics are valued to tackle real - world problems, I'll realize my dream—to break the barriers, technical and otherwise, that stop people from enjoying their favorite sports—by majoring in Material Science and Engineering in the Carnegie Institute of Technology.

Recalling my childhood memory and the challenges encountered in building an ice rink in my high school, I choose fake ice products as my first focus. By participating in interdisciplinary researches in Material Research Science and Engineering Center and ICES, I'll find solutions to improve the current fake ice products which are often made of less smooth polymer and easily get melted when the blades heat up; I'll even invent new materials that function even better! Hopefully, by the time of my graduation, my future peers and I will be researching in the lab, skating freely in the classroom, or even skiing on the street during the Spring Carnival!

Technically turning an idea like fake ice into reality leads me to CIT, while the next goal to commercialize my inventions in engineering drives me to seek a chance to study in the Topper School of Business. I see business not as a shortcut to wealth or the approach to self-fulfillment, but a great fun, a pleasant challenge, a language to facilitate communication, and most importantly, a way to bring changes to society. With this business philosophy, I aspire to not only take advantage of the comprehensive courses at Topper School of Business, but also explore the special and supportive resources in Donald H. Johns Center for entrepreneurship. By meeting my potential co-founders for my future start-ups and applying for seed fund from the numerous entrepreneurship supporters, like Meakem Becker Venture Capital and Adam Capital Management, I can turn my business ideas into reality more easily.

My ultimate goal—to educate the public and promote physical education in China, thus to inspire more people with pure happiness, sportsmanship and teamwork spirit—will get closer and closer to me as I generate momentum through studying and networking at CMU. I've already launched my start-up KanKan Sports, a social enterprise that hires native-English-speaking coach to teach western team sports in Beijing, hoping to offer adolescents of my age a smart way to hone both body and mind. Given the fact that the Chinese government now prefer only to sponsor medal－winning sports games, I also hope that one day I can run a foundation to offer not only high－tech sports facilities like fake ice rinks, but also funds to all the sports－related clubs and projects run by Chinese secondary school students. I don't know how long it will take to make this happen, but when the day finally comes, I'll recall the moment when the 8－year－old I yearned for a fake ice rink, the moment I longed for a rink back in high school, and all the moments at CMU that turn a dream into reality.

除了 Common 网申中要求的文书之外，各个学校都有自己的文书题目，这些附加题目话题很宽泛，有的题目很有意思，可发挥的空间也很大。这些题目往往更能反映该校选人的侧重点。

这就像是跳水比赛。运动员完成了规定动作，就可以进入自选动作的角逐。如果申请人在文书中把已经展现在申请表里的信息又重复了一遍，那就浪费了这唯一的"自选动作"的机会。

文书中一般要体现：你为什么要做这件事？当时的想法是什么？在取得这些成就的过程中你经历了什么？有什么感想？对你今后的成长产生了什么作用？你经历的事情对你看待这个世界的方式有什么影响？资深招生官说："我们最想知道申请者是在什么样的环境和条件下，获得了申请材料中列出的成就的。"想一想，有没有什么经历，造就你独特的个性、独特的世界观和价值观？

写作文书时心态要放松，不要把阅读的对象定位为招生官，应该像在跟好朋友聊天。你的朋友熟悉你，所以不需要炫耀自己，也不需要故意掩饰自己；你的朋友理解你，所以要向他诉说心里话。

文书要用事实说话、靠细节展现，不要泛泛空洞，需要展示真正能打动人的东西。

文书写作是 Selective Story Telling 的过程。正如芮成钢所说，没有绝对客观的新闻报道，有的是事实＋角度。最终，申请的过程应该是感受状的而不是销售状的。申请时的心态，不要为了迎合名校口味让自己削足适履，你越不像自己，就越容易被淘汰。装，是不明智的。要始终记得，自己是主体，学校是客体。要有一种舍我其谁的豪迈劲头，当然你的分数等硬条件也得让自己豪迈得起来。记住，你喜欢的学校一定也是契合你的。

越申越 High

到了 12 月，P 越申越兴奋，小灵感哗哗地流淌。这多美啊！申请成为了一种享受、一场游戏，你乐在其中，意犹未尽。这时候，好状态就出来了。

其实，当申请者能淡定从容地向学校展示自己，而不是怀着畏惧仰望的心态时，你的气场就强大了。

P 后来又自己加了几所学校，他决定了就去提交申请，知会我一下而已。我问他："这几所学校你怎么选的？"他这么回答我："我先看学校的 essay 题目，觉得有的说，再看它网站的其他信息，有感觉的就申。"有的说？多有意思的角度。他拿选校当社交了！

早申结果和再次选校

圣诞节前，我们收到了乔治亚理工大学的录取通知，其他早申学校落空。与乔治亚理工的录取信一并收到的，是厚厚的介绍材料。一只黄色的大蜜蜂显眼地出现在手册上。

马上，我们调整了常规申请的学校名单。P现在可以把注意力放在那些比乔治亚更适合他的学校上了。这也就是早申请的好处之一。一旦拿到录取，后面的申请策略马上跟进调整，而且申请人的心态也不一样了。如果当初P能够在10月份就把SAT分数考到12月份的水平，结果还应该更好些。可是没可能想当初，没有后悔药。人人都应该尽早准备好自己。

这里我要向男生们唠叨几句：为什么每年的早申请结果出得好的大部分是女生？我觉得就是女生准备得好！她们把每一次考试都当成最后一次去考，比较早地拿到了满意的成绩；她们心智较男生成熟，更加了解自己，好状态出来得早。记得艾弗森说过"要把每一场比赛都当成最后一场去拼"吗？男生们，早点儿发力吧！

黑白黄面试

P见过的面试官，白的、黄的、黑的，都齐了。

几年以前，得到面试通知，就意味着申请者已基本通过了招生委员会的遴选，万事俱备只欠面试。所以，面试只要不搞砸，就可以被录取了。这些年情况大变，面试已经不意味着什么了，原因之一，高分数的学生越来越多，招生办已经无法仅仅通过申请材料来辨别；其二，高分低能的学生屡见不鲜，甚至有些高分学生连入学前的新生介绍会都无法完成，更不要说去完成学业了；其三，各个大学的校友资源亦越来越丰富，特别是北京、上海这样的大城市，各种跨国公司里遍布名校海归，大学有足够的校友面试官去进行面试。

学校教育篇　选对学校 事半功倍

2014年的2月23日，常春藤名校宾夕法尼亚大学，在北京某国际高中举办了历年来规模最大的校友面试会。仅北京这个面试点，就有几百名学生参加，P也是其中之一。

所以说，现在基本是只要达到学校最低分数要求了，学校就给面试。这种校友面试，对招生办是否决定录取的影响是极小的，它只起到一个验明正身的作用。如果搞砸了，比如本人能力与成绩相差太遥远，或者你极其极其地不靠谱，那你就完蛋了；如果面试表现好，也不会对录取有什么帮助。就是这样。

为什么面试表现出色也没有帮助呢？P的一位老师就是宾大的校友面试官，他是这么说明的："在半天时间里，我面试了七名学生，他们都很优秀。所以，我要向学校汇报，学生都是货真价实的。其中给我印象最深的是一位人大附中的女生，她的表现非常突出。招生办给我们的政策是：如果你强烈推荐某一位申请者，你需要亲自打电话给招生办，去说明你推荐他的理由，并用你的名誉为该申请人担保。于是，我在脑子里把那位女生的表现又过了一遍，结论是她的智商、情商都非常高，就是有一点点小傲慢。思来想去，我决定不能用我的名誉去做这个担保。"

还有一些学校借助第三方面试机构来遴选学生。P申请的卡耐基梅隆大学就是这样的规定。大学要求你向第三方机构缴纳一笔面试费用，由面试机构履行专业的面试程序，然后向大学招生办提供面试报告和录像资料。当然，申请人可以选择不参加，但这或许传递了你对面试没有信心的信号。等了十分钟，P就出来了。我问："怎么这么快？"P说："那是，人家都是制式的，没有废话。"过了一天，P就在网上查到了他的面试结果，满分。后来，P也获得了卡耐基梅隆的录取。

侃侃儿谈

还有一次是在工体门口的咖啡厅，P那天穿着最喜欢的深蓝色夹克，进去大约30分钟，出来的时候夹克在手里拎着。我说："快穿上，多冷啊（那时才2月份）！"P说："不冷，聊得热着呢！"那次是位黑人面试官。

还有一次，面试官是位回国成功创业的海归，他的秘书约P去他们位于上地的总部大楼面试。正巧我出差，P是自己去的。据说，就是海归面试官最难搞定。

在Ivy Labs，我们会为学生做面试培训，培训老师细致到连握手的力度都要指正。培训会讲技巧和注意事项，当然还是需要一些练习的。

由于经常有真正的招生官和校董会到访Ivy Labs，所以P也是"近水楼台"的受益者。他曾经见过一位70岁的老者，他是MIT一项奖学金的管理者，也是前康奈尔大学的招生官。我跟他介绍P，要求他给P10分钟，他欣然答应。结果，这一老一少在会议室一谈就是40分钟。出来的时候，老先生握着P的手说："你没有申请康奈尔，我很遗憾。"后来，老先生还请P跟他一起去嘉里中心酒店观看"超级碗"的决赛，两人成了忘年交。

面试经验入门版：面试时，穿着要舒适、要中庸。舒适是为了让自己放松，如果穿上的衣服不是你平时的形象，自己都快不认识自己了，那还行么？要中庸，要保守，因为你无从猜测面试官的喜好，万一人家很烦戴耳钉的男生，那就惨了（P一提交完申请，就去六道口某店打了耳洞）。所以，面试的时候尽量把身上的零碎儿去掉。戴眼镜的同学，不要戴太夸张、太文艺、太复古的镜架。

目光的交流很重要。要看对方的眼睛，也不用老盯着，可以看鼻梁的部分。如果是男生面见女性面试官，就更不能瞎看了。

面试经验进阶版：主动和面试官建立对话，避免落入被审问的境地。最容易引起共鸣的话题是：电影、体育、美食和旅行，要避免的话题是政治和八卦。

面试经验终极版：引导面试官按你的思路，聊你想告诉他的事儿。首先，你要在开头的五分钟内取得他的好感。记住：他对你的分数、奖项不感兴趣，他希望见到的是一个有趣的申请者。所以，试着让话题轻松愉快吧！要机智灵活，观察对方反应，有必要时及时转变话题。一个18岁的"小人儿"，想控制局面是不容易的！要达到这个境界，首先要相信一件事——面试官是友善的。我是说，大多数面试官都是友善的！然后，你就当自己是去聊天儿，抛除所有功利的杂念。在P几次面试之前，我都是只字未提，没有做任何的提醒。人家是交朋友去的，我瞎嘱咐什么呢！他平时跟成年人有很多打交道的机会，他愿意认识我和他爸爸给他介绍的"各路英雄"，他建冰场、拉赞助、创办和推广"侃侃Sports"的时候，结交过很多成年人。我相信他待人接物的能力，所以我不担心，也不制造紧张气氛。

尘埃落定之后

从八月到次年二月，经历了填表、选校、文书写作和"各路神仙"面试之后，终于尘埃落定。

此时，静下心来等待结果吧！P和我都没有受煎熬的感觉，因为我们都忙着呢，好像都没有经历"等"的感觉。

P开始忙两件事：一是准备参加五月的AP考试。AP课程是美国大学为学有余力的高中生设置的大学先修课程，算是对大学课程的一种预修。P觉得自己完全可以自学。他选的课程是：美国历史、微积分、统计学、宏观和微观经济学五门。AP 的分数到了大学里是可以转换的。但是，很多大学认为，高中阶段的 AP 学习，只能证明学生学有余力，有学习潜能，但课程的难度还是略低，所以即便学生 AP 考得了满分，大学也不会按满分去转换学分。P 想把自己准备得更好。我非常高兴。

P 忙的另外一件事，就是创办一个针对中学生的运动组织，这在前文中已有叙述，这里不再赘述。

一转眼就到了三月份，P 最先收到卡耐基梅隆的录取信，我好开心！卡耐基梅隆是因为在计算机科学方面领先而闻名的，但是你知道吗？它的戏剧专业也在全美闻名。你想想，这两类人凑在一个学校得多互补啊！

随后就是加州洛杉矶和加州伯克利的录取信。

没了吗？没其他的录取了吗？还真是没有了。从乔治亚理工到加州伯克利，明明有些学校的竞争难度不及这几所大学，可是怎么就没录呢？记得有一次那英跟一名选手说："你很棒，但是我不能转身，因为我的队里已经有你这样的声音了！"独特的嗓音，加上出色的演唱能力，往往能让选手走到最后。所以，不是说你优秀，大学就一定会录你。大学不录取你，一般有三种原因：1. 你条件不够好，人家没看上你，不录；2. 你条件太好了，怕录了你不来，影响学校报到率，不录；3. 你各方面都满足条件，可是今年的新生里已经不缺你这号的了，不录。而且，越是顶尖的大学，在录取方面越无规律可循，他们挑选人的主观性非常强。这说明，我们还是要让自己尽量独特。如果自己手里总是有别人没有的牌，胜算就更大。

中美大学选人方式、标准等不同：比如两个大学都要组织一支篮球队，中国队找的都是姚明，技术要尽量全面，身材要尽量高；美国大学从一开始就在组织"梦之队",有一个姚明就够了,他们还要纳什、要科比、要詹姆斯,要各种专长、各种身高甚至各种脾气秉性的。当然,对身高肯定不能毫无要求,如果你没达到身高的最低要求,恐怕就要被淘汰了。所以,我们应该尽量准备好自己,要让这支球队需要自己。P如是说:我打了十年后卫,我太懂怎么当后卫了,来,我跟你聊聊……就这么聊成了。

要说顶尖大学选拔人才也是有一定之规的。他们的关键词是:正直、成熟、关心他人、领导潜质、合作、主动、活力、好奇心,还有就是经历:是什么生活经历把你和其他申请者区分开?如果录取了你,你能为我们学校带来什么?总之就是要独特。

录取通知发放出来以后,各个大学展开了如火如荼的"拉新"战。这种"拉新"战手段多样:有的学校会让目前的在校学生跟已被录取的新生建立联系,回答新生的问题,向新生介绍学校的情况;有的学校会在北京、上海等大城市举行新生招待会,介绍大家相互认识,拉近感情,比如加州洛杉矶的见面会上用发书包"拉新"。学校很清楚,被自己录了的学生,也一定是其他学校的争取对象。

应试教育可以休矣

子女教育是个永恒的话题。古有孟母三迁、三娘教子，今有虎妈、狼爸，不一而足。当今社会发展迅速而又有些物欲横流，很多父母儿时的经历如今已不适用。如何在传统和现实中取舍是当今父母面临的棘手问题。

P的成长经历令人耳目一新。P和他父母的成功经验可以复制吗？我认为在一定程度上是可以的。培养人才和培养天才的途径有所不同。绝大部分人不是天才，所以我们不必讨论如何培养天才。人的能力大致取决于智商和情商。智商和情商既有先天因素又有后天因素。后天因素是可控的，需要父母和孩子共同开发。

如何开发？这取决于我们认为什么样的人是个人才。人在生活、工作中需要多种能力，这些需求经常随环境、时间而变化。一个人才的某项技能在初始阶段未必出色。然而一旦需要，他能迅速提高，并能在高水平上保持稳定。这个过程往往不是一帆风顺，难免会有挫折。可见，一个人才善于学习，善于适应变化，并有良好的心理素质。初等教育和大学本科教育系统地培养孩子的学习、适应能力。而培养心理素质需要接触事物、人际交往。换言之，需要课外活动。

P成长中的亮点是通过参加团队体育运动培养了情商并促进了智商。冰球不但让他强健体魄，还激发了他的创业精神和领导才能。P会不会因为体育等各种课外活动影响成绩？我认为会有一些，但如果把握好，应该无关大局。在中小学阶段，如果优异的成绩是靠刻苦学习并放弃业余爱好得到的，那么这样的表现代价过高并很难保持。主观上，一个人对自己并非热爱的事很难长期保持专注。客观上，人们越来越意识到成绩只能反映人的学习能力而非综合能力。

何为综合能力？我在关于人才的讨论中已经涉及。父母不仅希望子女成才，而且希望孩子生活充实。兴趣爱好和适度的人际交往正是让生活充实的要素。

培养孩子的综合能力，开发他的潜能，让他活得精彩是父母最大的责任。应试教育可以休矣。

亲友们有时会问，什么样的孩子适合留学？什么年龄留学合适？在异国他乡求学绝非易事。孩子在生活上和心理上都要受到巨大挑战。远离家人和朋友，如何建立新的社交圈？如何保证交往的是良师益友？在社交圈完善之前，如何克服孤独和无聊？我认为，未成年人（十八岁以下）不适合留学，小留学生（高中或更早）对多数孩子不可取。

我和P有过几次接触。P是个很阳光的孩子。他成熟，很有思想，有留学意愿，对自己的未来有明确目标。我认为P会适应留学生活。他的开朗性格和对冰球的爱好会帮他找到新伙伴，适应新环境。希望P和诸多像P一样的孩子们成才、成功！

何川

*何川：华盛顿大学营销专业博士，长江商学院客座教授，出版过《搜狗：搜狐有抱负的搜索犬》等多部在业内有影响力的书籍。

人文教育篇　不文艺 枉少年

我小的时候，常常被爸爸带着看各种演出。长大了觉得很受益，因为自己可以从各种艺术门类中开拓眼界，汲取知识，获得快乐。

追京剧《白蛇传》

住在北大西门，有一个资源绝对不能浪费：那就是百年讲堂的各种演出。那几年，我完成当天的工作就去学校接 P，他练完棒球早已饥肠辘辘。我们常常是直奔北大的食堂，餐毕就奔百年讲堂，看看最近的节目预告，盘算一下 P 的时间，商量好了就买票。其实棒球小子不那么爱演出。我们又用了"约定"的方法：我答应 P 如果不喜欢看那场演出，他有权随时离场，我一定陪着他回家；而 P 答应我不把自己局限在某一类演出里，什么类型的节目都要尝试。北大百年讲堂本身就是各种文娱兼容并蓄的所在，而我们选看的演出，也没有一定，口味很杂：英国的摇滚乐队、俄罗斯红军歌舞团、实验话剧、管弦乐演奏、台湾民谣、芭蕾舞……最值得一提的是京剧——《白蛇传》。

说服 P 去看京剧费了点儿脑筋，这个剧种对他这个年纪的孩子确实很有挑战性。我的老学长陈援先生推荐了《白蛇传》，理由是有文戏、有武戏、有恶魔、有美女，符合年轻人的口味。我们看的是丁晓君的白蛇，真是太惊艳了！田汉先生的编剧，词儿也好。可是P看了半场就撤了，因为有言在先，如果觉着不喜欢，随时可以退场。我觉着已经不易了，但是心里想：不放弃。

看完半场白蛇，那段时间我有意往家里带些跟京剧有关的图文信息，慢慢告诉P，京剧中，人物的忠奸美丑、善恶尊卑都是通过脸谱表现出来的，透露出人物的性格密码；京剧表演的五种技法：手、眼、身、法、步，要与人物的情感意境结合起来；唱、念、做、打要做到技不离戏，就是枪来剑往，也要打出情感、打出意境。其实我基本不懂京剧，为了讲给P听，就自己先学习。

为了再加强效果，我们利用国庆假期到杭州，住在西湖边上，到白蛇传说的发源地去看看。看了雷峰夕照、断桥残雪，在脑子里跟京剧舞台上的场景对照着："那白娘子在断桥烟雨中，遇着那撑着纸油伞的书生许仙。"这还不算，西湖边上，各色唱戏、说书、唱歌的老人，真是应有尽有。我们打听到了杭州最地道的书场，特地去欣赏评弹，正是白蛇传。书场里都是白发苍苍的老人，泡一碗茶，摆一碟干果，闭目听书，也有人昏昏睡去，听书就是他们的生活状态。我和P在这群白发苍苍的老人中间格外扎眼，虽然根本听不懂，但是P见识了评弹版白蛇传，见识了白蛇传发源地的人们如何讲述这个传说。那份西湖独有的隽永气质，那种温婉的民风，都赋予这个传说一种神韵，P被吸引住了。傍晚，我俩又来到西湖边，水油油的，满满的，P感叹："真美啊！"我心里高兴，小子知道欣赏景色了。但接下来的一句话差点儿让我投了湖！他又说："身边要是同学，就更美了！"

时隔两年，在梅兰芳剧院，再遇白蛇，再遇丁晓君！唱念做打俱佳！

侃侃儿谈

丁晓君真是了得，把个白蛇演绎得丝丝入扣，所有的掌声和眼泪都为她汹涌！那浓妆的眉眼，那身段，那水袖！P看完了整本儿。一到家，P就把Ipod屏保换成白蛇剧照啦！

一路追星到了北京台演播厅，丁晓君这回演唱《红灯记》，呈现给观众一个单纯泼辣一颗红心的李铁梅。我们两个都爱死晓君了。那天的演出简直就是个堂会！连老艺术家朱旭都献唱了，还有宋世雄夫妇的节目。在那个场合，看到老一代话剧艺术大师、体育解说界的名嘴都对京剧那么入迷，随便唱两口儿竟然那么字正腔圆、韵味十足，此时，你一定会被感染，一定会折服于中国古典京剧的魅力！时值今日，关于京剧，P是入门了。

就因为一出《白蛇传》，一个丁晓君，京剧这门国粹深深烙印在P的文化背景里了。

对于中国的传统文化，最好是润物细无声地传递给孩子。从小到大，逮到机会就熏一熏。什么吹糖人儿、拉洋片儿、皮影戏，包括老式中药店、染坊，地道的门钉肉饼、卤煮火烧，不论高雅与否、市井与否，见识得多了，就懂得欣赏和品味个中味道了。

跟父母一起旅行

P很小的时候就跟着父母旅行，飞机轮船火车自驾，光怪陆离的世界是增长见识，培养情商，促进亲子关系的最佳媒介。

第一次走出国门去的是澳大利亚，主要玩的是原生态。在农场，我们给小马喂草，为奶牛挤奶，唱着"羊毛剪子"观赏剪羊毛表演，看牛仔们展示他们的日常生活，下河抓螃蟹，在大堡礁浮潜。浮潜的时候，撞上一条又大又丑的鱼，惊得P蹿出水面！在一个大湖边上，偶遇了美丽的黑天鹅，留下了我最喜欢的一张合影。对考拉，P好像没什么兴致，乖巧的考拉似乎不是他的同类。

第二次去的是南非。认识了豆豆一家，跟豆豆一起骑鸵鸟，坐丛林越野车，在野生动物园紧张地看狮子捕猎……豆豆现在已经在美国读大学了。

在国内更是各种游走，游走的特点是不去大城市，三峡、中原古镇、漓江、少林寺、北极村，不一而足；北京周边就更方便啦，那几年，周末我总是各种呼朋唤友，大水库、小河沟地畅游。我和另外两个妈妈曾经带孩子们去过平谷的一个农家院，人家有堂屋而我们偏在院子当间搭帐篷，见了黑以后看星星、讲故事、玩杀人游戏……

现在回想起来，那时候真是撒开了玩，我们有很多时间在一起，玩得风生水起。其实，在大自然中是最容易开发孩子的悟性的，通过对日出日落、星空月光、山川大河的观察和感受，孩子自然而然地能体会到天与地的和谐之美。自然界的磁场提供给孩子能量，让他们能更恣意地成长。

旅行是获得人文经历的又一个手段。用自己的脚去丈量世界，走出去与陌生人相遇，增加见闻，获取各种意外的惊喜。所谓"读万卷书不如行万里路，行万里路不如阅人无数"。

街舞是个体力活

孩子的有些爱好在家长眼里，属于不务正业。这些爱好与学习无关，与获奖无关，也许只与享受有关。可享受带来什么呢？享受带来的是乐趣，是美好的体验，是生活的质量。

上了高中，P有两个不一样：年龄大点儿了，人的想法不一样了；

学校政策宽松了，管理方式不一样了，P进入了什么都想尝试的阶段。而造就这个阶段的，是101中学的学生管理政策，特别是社团政策。

101中学有上百个社团，各种官方、非官方组织，有跟课程和官方活动有关的，比如根与芽、模拟联合国、头脑奥赛；也有跟兴趣爱好有关的，比如戏剧、乐队、各种球类；也有纯属所谓"不务正业"的，比如漫画社、追星粉丝团。P就像飞出了林子的鸟儿，那叫一个欢腾，路越飞越远，心越飞越大。他不但参与了一些社团的活动，还创建了自己的社团，而且搞得风生水起，把社团演变成为一门选修课程，在101中学的历史上留下了他的印迹。

学校有街舞社团，这么酷的事儿，P一准儿不会错过。街舞是个体力活，同时那个范儿很重要。加入街舞社以后，P开始在家练倒立，看准了墙根儿，一下子翻上去，"啪"，画框应声落地。力气是有一把，可是找不对劲儿，七拧八歪，看得我心惊胆战。在若干次失败和差点儿踹碎了镜子之后，P终于练成了BABY FREEZ。正值秋季，天黑以后小风习习，正是练舞的好时候。有一次，P穿了一双夜光鞋在楼下的空地上练习，我用相机低速拍摄，出来的效果简直炫毙了！街舞讲究刚中有柔，对舞者的韧带要求挺高，P这时才知道自己的筋有多硬。没记错的话，幼儿园中班以后，P就没再参加过跳舞活动。他居然能去跳街舞，实在是没有想到！

生命里的吉他

男生的青春里似乎都应该有一把吉他。P只上过几节吉他课，会弹《爱的罗曼史》，就敢挑战"Hotel California"！还说要组乐队，连名儿都想好了。那段时间疯狂地听各种英文歌儿，不论男声女声，不论蓝调摇滚，照单全收！

吉他在16岁的P心里，不是音乐，而是青春。不管是浅吟低唱，还是扯着喉咙吼吼，只要自我陶醉就好。背单词背得想挠墙的时候，还是弹上一曲比较环保。

只有家长肯放手让孩子广泛接触各种兴趣爱好，孩子才能从中发掘他们真正的兴趣。正如我们自己，在生活中真正让你陶醉、享受、拥有那开心一刻的，大多不是在学校里学来的。成年人中，有喜欢品茶的，有爱把玩老物件的，有对摄影如痴如醉的，有热衷户外运动的。你必须承认，一个有爱好的人，一个懂得欣赏的人，更有魅力，更能为自己制造幸福感！他们内心充实，乐在其中。帮助孩子发展兴趣的目的，不一定是为了成为某专业领域的佼佼者，但一定是为了拓展孩子的生活层面，让他获得快乐的途径能更宽广。

到底爱不爱生物

P从初中起就有"生物情结"。101中学的生物小组闻名于北京，马老师是著名的生物学科带头人，她曾经带领101的生物小组探索南极，当年轰动一时，她指导的学生屡屡获奖，有的还参加过国家级的研究项目。初中的时候，P就曾有过参加生物小组的愿望。

有一段时间，放学回家前P都会去家附近的花鸟市场，逛一会儿再回家。那时P爱上了金鱼，通过长时间的观察，写过一篇关于鱼鳍的小论文，论述鱼如何运用鳍自由游弋。初中P只学了一年生物，小小的爱好就此止步。上了高中，P总是说："我将来要学生物专业。"我有一点儿意外，但是想了想，还是鼓励他先尝试尝试吧！

我们抓住了一次机会。科学院植物研究所的研究员童哲老师，退休

侃侃儿谈

后为中学生教授植物的组织培养课程，地点设立在有组培实验室的北京二中。童老师是我的学长，于是P也有幸学习了这门课程。每周一次，请一节课的假，紧紧张张从海淀奔到东城去上组培课程。那段时间，P的卧室窗台上摆了一溜儿的烧杯，每个杯里都有绿萝的叶子。他在按照童老师的指导做试验，每天要观察和记录。我则要按照P列的单子采购必备用品。一个学期下来，P掌握了组织培养的基本原理，还在童老师的指导下完成了对绿萝叶子的实验。试验结束以后，P宣布了一个决定：他发现自己并不是那么热爱生物，明确了以后不会报考生物专业。

这绝对是一件好事。有那么多的过来人，大学期间学的是自己不喜欢的、不擅长的专业，没有乐趣，更谈不上激情。我不希望P有同样的遭遇，所以对生物组培的学习对他来说是一件好事，幸事。更加幸运的是，童老先生非常理解孩子。虽然他以极大的热情引导P入门，当他了解到孩子的决定以后，没有半点的不愉快，反而对P说："一定要去探索你喜爱的专业！也许你以后再也不会接触生物学习，就当这是一次有趣的经历吧！"何止是有趣！童老师严谨的治学和科研态度，已经感染了P，这一定会对他未来在其他学科的学习产生积极影响！

以开放的心态去探索自己的兴趣，不强迫这种探索非要达到什么必然的结果，这才称得上是放手。有时候，孩子常常会叶公好龙，被某个职业的光鲜外表或冰山一角所吸引，这时候就要创造机会让孩子体验。对于不适合自己的事，明确得越早越好，因为这样时间成本最低。所以，还是要敢于让孩子尝试，而且要坦然接受尝试的结果，做家长的最好不要暗示或把自己的意愿强加到孩子身上。

为赢球赛学编程

P是学生会体育部的成员。有一次我看到他一连几天在排年级组的篮球赛程，就问他："排个赛程还需要花那么多时间吗？"他诡诘一笑："编得好的话，我们班就能赢。"原来如此啊！发现了他的小小"诡计"，我马上想，这里有什么机会呢？第二天我就请教了在甲骨文工作的工程师妹夫，妹夫说："这简单啊，做个小程序，轻松搞定！"按妹夫的指点，我找来Java编程的入门教材，P兴致大发。有需求就有动力。初中的时候，我就提议P学学编程，但是他似乎毫无兴趣。我还自嘲地想：爱打游戏的孩子，应该不会自动爱上编程啊！这次算是成功地逮到机会了，我觉得这就是用心陪伴孩子。

小小的原因，也许会引发大大的兴趣。一个小火星，可以一闪即逝，也可以燎原。所谓陪伴孩子成长，不一定是天天看着他寸步不离，而是用心跟孩子在一起，用心捕捉每一个有价值的机会。在合适的时候，给他一个手指的小小推力，既推波助澜又会让孩子觉得舒适。

奥林匹克头脑大赛

头脑奥林匹克（Odyssey of the mind，简称OM）1978年发源于美国。这个被看作是"培养未来美国人"重要途径的比赛，旨在考验青少年的创造精神与团队精神。

OM比赛分为长期题、风格题、即兴题三大类。它没有标准答案，完全依靠队员们的想象力和创造力，依靠团队的出色发挥来赢得比赛。101中学每年都派队参赛。高二时，P争取到这个机会。

先是北京市范围内的初赛，P的团队获得了第二名，那天正是圣诞节。之后就是准备期末考试。寒假里，组员们又一起优化方案，优化材料。

三个月后这个团队代表北京赴上海参加了全国比赛。

训练精确叫牌法

P受同学的影响，玩上了桥牌。桥牌的叫牌法、搭档之间默契的配合都让P乐此不疲。前邮电大学的桥牌队队长余彤，被我请来做P和搭档的教练。余彤痴迷于桥牌，离开邮电大学以后自己创业，现在拥有自己的软件技术公司。他很乐意跟两个十几岁的脑瓜PK！余教练给两个孩子分析了几种叫牌法的优劣，很细致地询问他们平时是怎么练配合的。不但教他们技法，还传授参加比赛的经验，特别是心理战术。

作为家长，一定要细心去观察孩子在什么领域表现出兴趣，适时地提供一点点外力，推他一下。形式可以多种多样，不一定局限在兴趣班的框框里。

学油画

油画是P姥爷的业余爱好，他尤其擅长画静物、风景。自己家里，亲戚朋友家里都有姥爷的作品，他还经常应朋友之邀，命题作画。

P小的时候学画，姥爷是从素描教起的。画立方体、画椎体，练习用铅笔表现线条、明暗。可惜P练得草草，没太往这方面走。中考之前，姥爷特意作了一幅油画送给P：波涛汹涌的大海上，一只小小的海燕正在奋力飞舞，其意不言自明。

P 高中期间，姥爷正筹备个人画展。对一位七十岁的老人来说，很不容易。那段时间持续得很长，姥爷一直在孜孜不倦地创作。就是这个从小培养起来的爱好，一直伴随姥爷退休以后的时光，老人内心充实宁静。P 被感染了，要求姥爷教授技巧。姥爷好像一直在等这个时刻，趁全家度假的机会，祖孙两个就在清爽的早晨，在惬意的傍晚，坐在山间度假屋的阳台上，画了起来……

混进小吃培训班

P 这小子是个吃货，从小嘴就刁，爱吃也爱做。他做饭的师傅是姥姥，平时抓住机会就跟姥姥学两手，干锅、春饼、包饺子、打卤面……学习过程其乐融融，亲情满满。身为北京生北京长的小土著，P 对老北京的传统小吃也是爱在心里。从新闻里听说，九门小吃的老字号撤店了，也许是九门商业运作的问题，也许是老字号自身的经营问题，也许是消费观念变化了……传统手艺正渐渐从人们视线中消失，P 觉得真可惜！而他觉得自己能做的，就是学两手，留住这些手艺！

经陈援学长引荐，我们认识了杜振阳师傅，他是老北京小吃传人，在西城区就业中心开办了小吃班，专门帮助下岗工人再就业。我们第一次去的时候，厨房里都是老阿姨。那天大家除了看杜老师演示就是围观 P。他们觉得太搞笑了，这么个毛头小子来凑什么热闹？P 呢，见了谁都彬彬有礼，都是长辈啊！几次下来，他学会了做豌豆黄、炸排叉、烤黄金酥。在小吃班的另类收获，就是见识到了各色人物，弥补了没住过大杂院的不足。这里锅碗瓢盆，家长里短，人情冷暖，五味杂陈。原始的手工制作过程，不紧不慢的精工细作，还能让人体味到一种生活哲学。大杂院里的长辈们也跟 P 学会了怎么和孙辈相处。可惜后来 P 实在

侃侃儿谈

是没时间再去。申请大学的时候，这段经历也被巧妙地写入了P的申请文书中。

去不了小吃班不要紧，咱在家操练。我爱变着花样儿做饭，常做海鲜，特别是海鱼，比较偏爱蒸食。我怕P吃腻了，就在海鲜市场上找没吃过的品种，几次以后，P终于说："做正常的鱼行吗？"好吧，我们又吃回了平鱼、黄鱼、带鱼、鲈鱼，当然还有P大爱的三文鱼。三文鱼可烤可煎可生吃。还有就是各种贝类，简单地煮煮、烤烤就能吃，对孩子长身体特别好！我们也爱做西餐，尝试意大利面的各种做法，肉酱的、海鲜的、蘑菇的，搭配香香的芝士。买了烤箱以后更是花样频出。最大的一次挑战是我和P联手做牛角面包。第一次发酵不足，失败。第二次尝试，严把质量，拼命地揉面，我不行了就换P，他有力气。最后终于烤成型了，样子还可以，可惜糖少了，口感欠佳。

跟P一起做饭，绝对是乐趣，是美好的记忆。我很享受，也很满足。

写春联，剪窗花

初三这年的春节，我突发奇想：学了这么多年语文，试试这小子肚子里到底有多少文学底子！大年三十这天，赶在小铺关门之前，我买到了大红纸，姥爷翻出了毛笔和墨汁，都预备好了。P走投无路，还真憋出了三幅春联：

· 红花破土远眺，火烛毅然前行。齐头并进；

· 袭古城之灵气，拓新世之精华。继往开来；

· 渺沧海之一粟，凌万顷之茫然。绝世独立；

· 风霜路雨雪桥桥下有水，冲锋衣防水靴靴上无泥。龙步为赢。

最后这副联，是 P 写给过本命年的老爸的，有点儿指点江山，激扬文字的意思。贴上春联了，还差窗花。这回可是挑战了！无法想象，拿球杆的手能不能剪出细致的窗花呢？剪窗花的教练是姥姥。其实姥姥也是买了书和光盘，为外孙现学现卖了一把。一开始，先学简单的。P 剪的"囍"字，像把两个不想结婚的人硬拉在一起，经过反复练习，总算能看出是"自由恋爱"啦。之后学习折剪的方法，很快就我行我素地开始创造发挥。剪出来的作品虽然不规不矩，却也耐看。原来这小子也有内秀的一面！

后记
因为信任，所以放手

前一段商量这本书书名的时候，精力充沛、才思过人、幽默感爆棚的 P 娘隔三差五就在微信上发来各种五花八门的备选方案。每每讨论起来，我仿佛提前体会到了新爹新妈们拿着康熙字典，一个个筛字儿给孩子取名的苦心。

在经历了一番不亚于给新生娃儿取名的周折后，这本书终于等到了个靠谱好名字，"上了户口本"。然而有个没选用的名字，还是很想在这儿和大家分享。某日 P 娘发来一条消息："《我妈不管我》这个名字怎么样？"看到后我立刻很配合地喷了饭，并应景地回复了一串"哈哈哈哈哈哈哈哈"加一堆嘎嘎傻笑的表情符号。"娘不管"乍一看，的确是这对母子的一贯风格。连 P 小子自己，也不止一次说过这话。印象最深的一次是在 2013 年 8 月底，那天我和一群特别有趣儿的学生聚餐，席间 P 小子得意洋洋翻起袖口展示他俩胳膊上新刺的纹身，左边"Family"（家庭），右边"Brotherhood"（兄弟情），一水儿粗体大写字母，背景图案狂放不羁、鲜亮大胆，充分展示了 90 后高中生团结文明、勤奋健美的精神风貌。一番此起彼伏的赞扬后，有个女孩儿无不担忧地问："你妈不管你吗？"正在笑着的 P 小子一脸轻松："哦！她说还不

后记　因为信任，所以放手

错，小心别发炎。"那一瞬间，我相信一桌子人里，但凡因为穿衣打扮被爹妈训过的人，都会在心里默念一句话："给跪了……"

"我妈不管我"这句话听多了，的确会让人以为，P娘的确不管P小子。然而在讨论任何关于"该不该管孩子"这种简单一刀切、两个对立面的问题前，我们不妨好好玩味一下"管"这个概念。如果说父母之"管"是绝对控制，是密不透风的监视，是强加意愿却不予解释、单项灌输却没有聆听，那么，P小子的确从没被管过。然而如果父母之管是参与而不介入、引导而不强迫、大原则达成共识、小细节自己把握，那么，P小子绝不是个放养式教育出的熊孩子，而是个极成功的管理案例。这些年，P小子从学业到冰球再到个人生活基本实现了自理自主，学习和干正事儿自觉卖力，玩起来又能上房揭瓦，文能完爆各类考试、能侃能写、读得了书也创得了业，武能搏杀冰场、横扫各种球类、并自觉天天跑健身房坚持锻炼，二头肌练得比脸还大。而在他一步步修炼成运动型高富帅的过程中，他的妈妈全程都在，既有持续的理解和支持，又不感压迫，这种高明令我钦佩不已。

提到这种高明，我常常回想起P娘从前邮件里的一句话："我就希望P能拼命地学，痛快地玩！"如果说这是P小子和他娘的共同愿望，那么这些年，他们已如愿得偿、万事圆满。许多孩子因为父母干涉被迫放弃种种爱好的苦恼，P小子从未体验一次，那张总是笑嘻嘻的脸上，也看不出一丝一毫被强迫放弃自己、成为别人的无奈。即使是在和P娘、P小子几乎天天接触的美国大学本科申请季，我也几乎没看到过任何妈妈强迫，儿子反抗、"爸妈要你干啥就干啥"、"不让我学这个我就去死"的那种争吵。选学校？一起分析，哪个你最喜欢就全力冲哪个。这篇文书要改？嗯，大家一起商量，最后你自个儿拿主意。寒假想和哥们儿出去玩？自己去吧，甭玩疯了。申请完了想创个业？去做吧，要出主意就说话。这种理性沟通、自由平等的对话，从我三年前结识这对母子时就一直伴随着我们，在我们最繁忙的时候，赛得过最悦耳的背景音乐。

然而对话绝不只是这对母子最能打动我的地方。让我更感动的，是这种对话后放手让孩子自由驰骋的那份信任。"你自己想""你自己选择""你能行"这样的话讲起来简单，想要达到效果，背后却要加上太多外人看不到的努力。只让孩子想，却不教各种思维方式，也不引导，很容易"思而不学则殆"；不让孩子有想法，只一步步铺好路让孩子走，则是"授人以鱼"，要么有一天吃腻，要么有一天再没得吃。至于选择，既要陪伴孩子分析每个选择的优劣和影响，又要信守诺言，在孩子做出选择后不反悔或横加干涉。至于"你能行"，说出它不难，发自内心相信却难。母亲对孩子的保护是天性，是种捧在手心里的疼爱，可自然而然依主观意愿而行；而能适时对孩子放开手，作为妈妈就必须时时警惕对不可控因素的过分焦虑，对权威、控制欲的过分迷恋，将一切建议和举措，稳稳扎根于对孩子自主能力与智慧的信任上。这样的母爱，这样的付出，是未必人人都看得到的、看似毫不费力后的倾尽全力。然而这样的爱，却能充分滋养一个孩子，早日令其成为一个独立、自信、内心充满爱的人。

我想起 P 小子申请本科写个人陈述时，给我分享过的种种信息，也想起这几年和这对母子相处的点点滴滴。湛山寺里佛前的祈祷，跑遍北京城终于找到的冰球场，凌晨四五点起床奔赴郊区训练的冬天，球场边，考场外，机场送别的挥手，跨越重洋的长途电话……在这个皮肤晒成太阳棕，总是干净利索、精神抖擞、乐观谦和又自信得不动声色的孩

后记　因为信任，所以放手

子身后，一直站着的是这个满口爽脆的京片子、爱英姿飒爽开辆大吉普、眉梢眼角里却是无尽柔情的母亲。她藏起始终如一的守护和牵肠挂肚，一次次放手让孩子越走越远、直到海角天涯，这需要多强大而智慧的爱。这种爱从不是三言两语就能概括，配上几张美图、在微博上被点赞转发几万条，挂在嘴上口号一般的爱；而是会聆听、会尊重、会信任，更会不占有、不强求的爱。这种柔软的强大，理解的慈悲，是那些会反复说"我为你付出了这么多，你不按我说的做就是不爱我"、"你自己一定不行，所以我不许你离开"的父母，永远不能企及的。

写着这对活宝母子，想到自个儿远隔重洋的父母，突然眼眶湿了。

梁旭鹏

*梁旭鹏：北京大妞，人二话多。辗转中美，现居加拿大。主搞教育，也搞文艺，曾在新东方担任英语教师及美国本科升学指导。

后记
亲爱的沛恩

有时偶遇的一本书，一张漫画，一段文字，或是一小段简单的台词，会不深不浅地触碰了心弦，勾起一段往事，撩起一些情愫，捎带了一抹明亮的光。读到写给你的这篇日记，有一种触碰和被触碰的感觉。

2012 年 12 月 2 日　香港　晴

今天约了两个学生一起吃早饭，他们来自不同区域，不同的文化背景，不同的教育体系。面对着大海，听两个孩子谈他们对网络服务商业计划的热情、共同的爱好的快乐还有自我剖析时的真挚，心里的积极向上的精神一点一点地恢复。其实，孩子们何尝不是我的动力，看到他们，才知道世界有多美好，要努力！在办公室和同事说起沛恩的时候，嘴角藏不住笑意，他的自信大方，成熟干练和朝气阳光感染着身边的每一个人。他笑意冉冉地走向我的时候，真为他骄傲！都忘了此行的目的是他妈妈让我狠狠地挖他的不足，鞭策这个在我看来已完美的小子。听他讲了好多，我问他，在整个申请过程中，感觉到有什么可以提高的吗？他说："从小开始的体育活动使我有很多好的个性和能力，但阅读的书太少，在我申请大学的过程中留下了遗憾，因为阅读能力的缺失，局限和束缚了我的选择，很后悔。我可以对人更好些，当我做不好一件

后记　亲爱的沛恩

事时，我会烦躁，比如写不出文书。而当对别人态度不好时，我会很讨厌自己。阅读和写作能增进学业成就，更能改变性情……"

我是你妈妈的朋友和同事，也是你的朋友和导师。偶尔会收到你的邮件，咨询有关"侃侃"的商务和建议，偶尔妈妈会只言片语地提到你的学习和生活，偶尔也在微信图片中看到你。一年没见了，我们的关系好像并没有因为时间，或是不一样的经历而有所改变。一切没什么不同，和你出发去美国读书前是一样的。只是换了一个地方而已。你还是那么一个满怀期待地行走着的小青年，当家的温暖被陌生的语言和文化所替代，生活、工作、情感直面袭来，在天南地北中你只让我看到灿烂的笑容，可我不会忽略你不断给自己打气的真实。妈妈提到你参加伯克利冰球队，被队友一次一次冲撞摔倒再爬起，成长中越是能忍受，就会变得越坚强。

成长需要陪伴，在你申请美国大学的日日夜夜里，我们相互陪伴，给彼此支撑和温暖。在这个过程中，你解剖自我成长历程，反思自己，找到一种最贴近自我的方式，坚持下来，深深、深深地走向自己，认真地思考。挺过了这些时刻，你终看到云开月明，进入生命的另一境界。我庆幸能在你成长的时期，曾经温暖过你的生命。

Part One：玩，是所有认知的根基

也许，我是被妈妈宠坏的孩子，
我任性，我希望，
每一个时刻，都像彩色蜡笔那样美丽。

——顾城《我是一个任性的孩子》

侃侃儿谈

男孩子应该"舍出命"去玩。从小，你回到家的头一件事就是出去玩！或是跳进泳池，或是去踩干干的树叶，或是去踢球，或是蹬着轮滑鞋风驰电掣，玩着玩着，就交了朋友，就玩出了花样。你充满了好奇心，而且越玩越"不安分"：上学前在火龙队是最小的游泳队员，小学时被选进棒球队，每天放学后训练一个半小时，一直打到毕业。棒球培养了你的耐力。2003年你玩上了冰球，一直玩到今天。街舞、吉他、桥牌、单板、高尔夫……只有骑马是噩梦。棒球、冰球、高尔夫的共性在于：用棍子去打球。你很有球感。

——妈妈

妈妈有这样的智慧，任你舍命地玩，因为她知道：玩，是所有认知的根基。在我看来，玩能帮助你自然地发现自己，尝试不同的新东西。你在玩的过程中成为对周围更有意识的人，更懂得尊重的人。展现课外活动的多彩能帮助你找到个体成长的轨迹，并且学到很多可以受用终身的技巧。作为你的导师，我希望把你当做一个独立的个体去了解、尊重、包容和接纳你；希望从一个独特的视角来挖掘你的特质和潜能，并找到适合你的大学。在这个过程中你不是被动接受，更多的是一种主动出击，在很大程度上你充分发挥了主动性。

"不听话，很活跃，爱玩，不安分……"从幼儿园开始就听到老师这么评价你。你的发型，是和年级组长斗智斗勇的结果。看《白蛇传》的时候，你的喝彩是发自内心的；爱吃好做，学过老北京小吃，自己吃几顿不重样没问题；春节时会写对联，打麻将；对生物感兴趣，上了组织培养的选修课；和队友一起进入了奥林匹克OM大赛的全国赛；16

后记　亲爱的沛恩

岁背着大包独自旅行：突破迪拜海关，只为领略迪拜塔；在 Times square 购物时遭遇奸商，勇敢地去投诉，还跟保安交上了朋友；在 Browdway 买票看歌剧；在 Boston 看红袜队的比赛，全然不管给你的旅行预算；还有，冲浪冲得误机……

——妈妈

在申请美国大学这个没有标准答案的地界里，你像其他的学生一样深一脚浅一脚地走得忐忑不安。你的妈妈请我来给你规划，她明白每一阶段的教育都不仅仅是为下一阶段做准备，而是一个发展阶段的完成，所以需要找一个有专业经验与知识指导的导师来规划最适合你的活动，尽力帮助你展现自己，给你一个可以保持童真、创造力和想象力的教育环境，并侧重锻炼思考、分析和动手的能力。

到底要把你塑造成一个什么样的人，才能够打动看似深不可测的美国学校招生官？你爱玩的个性自然地淡化了打动招生官的初衷，你在讲述属于自己的故事和文化，而我则体会和感受你独有的思想品质和精神内涵，帮助你发掘自身的特长、特点，并让你喜欢"我之为我"。在大学申请和规划的过程中，我选择了"九支杆冰球俱乐部"作为你的主线，讲述一个踊跃参与体育竞技活动的孩子，个性慢慢养成与完善，道德、价值逐渐形成的故事，用妈妈的超市和学做北京小吃来体现你社会服务的意识，具有融入多元文化社团的潜能。同时，我迫切希望你加强阅读和写作，提高人文与科学知识的修养，真正体会美国"博雅通才"教育的精髓。这一年我们一起经历了一切好与不好，正因如此才会成长。

侃侃儿谈

爱玩冰球，全心投入，永不放弃。小时候，你所有的护具都得大人帮着穿。到后来，你的球具包越来越重，妈妈几乎都扛不动了。每个新赛季开始的时候，我都跟你一样兴奋！为了争取练球时间，你不得不学会高效学习，冰球比赛带你到了渥太华、香港、新加坡，2011年，你加入了成人队。你经历过好朋友在比赛中跟你翻脸，冰球对你而言是减压、是娱乐、是社交，是生活方式。冰球是这样练成的：随时随地站在立起的砖头上，练脚踝的力量；抬着头练习拨球，找手感；在有机板上练习射门。冰球场地的护板和高球速，是对球员反应能力的挑战。你的打球思路是很清楚的，这是进攻型后卫的必备条件。冰球给了你什么呢？是对抗，是团队，是策略，还有：Never give up!

——妈妈

九支已经"退役"的木质冰球杆，每支都有残缺，杆体遍布划痕，排头的大小、弧度、长短也是参差不齐。但这九支球杆，却是冰球队最早一批宝贵的"固定资产"。你靠着积攒下的人脉和出众的社交能力，很快获得了国家青年冰球队的赞助。接着，你又"勇闯"校长室，争取修建冰球场地。或许是被你的激情与胆量所触动，但更多的是你的沟通能力，校长给出了痛快而肯定的答复，建立校内陆地冰球，并做出了一个近乎历史性的决定：将陆地冰球正式列为本校选修课！你的故事强调了美国教育的重点——个性。而我们的咨询具有非常浓厚的美国人文关怀的文化色彩。你的故事再一次证明"我比完美数据更精彩"的理念，在规划和指导中推崇品德或价值对学生个性的建造非常重要。冰球俱乐部不仅仅是你的课外活动和社会实践，更培育了你对反省社会责任以及回馈社会的思考和尝试。美国大学关心的是学生能否利用好身边所

后记　亲爱的沛恩

有可能的资源，青睐的不是某一种类型的学生，而是来自不同背景有独特经历的学生。对于学生来说，有些特长容易被量化，以更为直观的方式呈现于众人眼前。比如数学方面的天赋，可以通过竞赛结果得到彰显。而我更关注你未来成长与发展的视野，更重视你在这个活动中折射出的独立性和成熟度。

Part Two：梦想，是调整后的行动

> 这些好东西都决不会消失，
> 因为一切好东西都永远存在，
> 它们只是像冰一样凝结，
> 而有一天会像花一样重开。
>
> ——戴望舒《偶成》

为自己做决定。选小学时，你和妈妈参观了四所。让你选，你选中的是有大操场的。加入冰球队，人人都想当前锋，而你选择后卫。我们有个经典对话：——儿子，你怎么不追球啊！——妈，我是后卫，不能乱跑。比赛时，每一次被对方破门后，你都会过去拍拍门将的头盔，安慰他，我很感动。2007年，决定参加棒球队还是实验班？2010年，决定去北大附中国际部还是101中学？你最终选择参加实验班的甄选，并且如愿以偿。实验班的课程很有挑战性，而且你也交到了很好的朋友。中考发榜之前，你接到一所很著名的高中国际部的提前录取。如果接受，就意味着放弃所有的志愿学校。虽然，那时你已确定将来申请美国大学，但你还是希望在传统高中完成学业，把中文基础打扎实，并且挑战高难度的数理化学习。最后，你选择了这条看起来会比较辛苦的路。

——妈妈

侃侃儿谈

在人生的某个阶段，你觉得你的生命才刚刚开始，你是自己生命的主宰。在某个时刻，你会感到自己从一切约束你的事物中挣脱出来了，父母不再是权威，你拥有理性也拥有力量，似乎可以征服世界。你可以自己做决定。你妈妈送给你最好的礼物是：在你的成长过程中，她给了你自己做决定的权利，她深信你有能力去质疑、去思考，甚至可以猜测、假想，然后对生活才会有感悟和体验。她希望你看待一个问题不是非黑即白，而是有很多方法和角度。亲爱的沛恩，你用这种"批判的思维"来比较你过去在抉择中所做的决定，你就会成为一个很好的解决问题者。这也是你妈妈自始至终都希望你拥有的思考方式，我很欣赏你妈妈对你的包容、支持和信任。

每个人都有自己的精神成长史，而人年轻时的精神成长坎坷却动人。人如何走向自我——我想不出比这更值得你去书写的东西了。在指导你文书的过程中，我努力帮助你展现个性，你的作文应该是你自己的声音，不是我的声音，更不是自认为招生委员会所希望看到的。我鼓励你忠实于自己所有不完美的、独特的方面，留足够的时间反复阅读自己的写作，试验不同的写法，保持你自己的"声音"。在你的个人陈述中，你写了精神成长史上具有重大意义的时刻，你记录了曾有过的困惑和挣扎，你谈了你怎么看待自己及周围的世界，你刻画了这么多年来隐隐推动你的力量。成长往往是阵痛不断、伤痕累累的。而跨越这种种阵痛得来的体悟，却是最刻骨的，有时候它们甚至能暗暗成为某种永恒的生命基调。只有它们让你真正成为你。我所要做的无非是帮助你用一种有条理一些的方式把这个历程记录下来，然后从中梳理出你成长的脉络。你的文书写作过程并不顺利，主线索就改了好几次。终于改到你觉得差不多了，但总还是微微有点不安，其实你安排什么样的线索不太重

后记　亲爱的沛恩

要，真正重要的是你文章的各部分之间要有非常紧密的内在逻辑。于是，你反复读文章，一边读一边反思自己的成长——你一步步是怎么走过来的。这个过程是让你收获最多的，为了让文章有内在逻辑，你拼命反思自身，终于，成长脉络就这样打通了。人走向自我只能是自己的事，学到了写文章的技巧还在其次，关键在于你在这个过程中得到了更多对自我的洞察。

Part Three：时间和过客，终将使你成长

> 你是天真，庄严，
> 夜夜的月圆，
> 你像，新鲜初放芽的绿，
> 你是水光中浮动白的莲，
> 你是一树一树的花开，
> 你是爱，是暖，是希望。
>
> ——林徽因《人间四月天》

你人生的每个时期，都有要好的朋友，很羡慕你拥有亲密的朋友。老曹是你的死党。虽然远隔万里，但我敢说，你们绝对是对方一生的朋友。久米是日本棒球赞助商的孩子，虽说只是接触过几天，但这份友谊已维持了六年。Federico 是在 UPenn 暑期课程的同学，连这个课程的总负责人都知道你们要好。你跟姥姥学剪窗花，学做菜。跟姥爷学绘画，学书法。你喜欢住在姥姥家，长住。农村老家的老爷爷、老奶奶，他们虽然无法了解你的世界，但他们单纯地爱你。而你，也小心保管他们给你的压岁钱，连上面的红线都保留着。

——妈妈

侃侃儿谈

成长始于理性原则的建立，成长始于与父母等社会关系的分离。有时成长会来得猝不及防，这段旅程你只有独自去面对，才能成为真正的人，因为你所要面临的世界险恶与美丽并存。你开始整个申请过程的时候，你妈妈不会坐视旁观，也不会频繁地干预和过度地保护。她比谁都明白过度插手孩子自己的事情，只会消耗他的精力，限制他的追求，甚至会导致他的无情和无能。自然是孩子的天性，自由是孩子的本性，扼杀天性和本性，就是扼杀成长的活力和动力。通常来说，学生的成功录取离不开家庭的支持，但支持不是逼迫，家长们应该作为向导，认真倾听孩子的意见，相信孩子能够做出明智的决定。你多么幸运，很多爱你的人和你一起成长，你妈妈放手让你走出去做你喜欢的事，在背后无怨无悔地支持你。而我也相信春风化雨、点石成金都是人与人之间的投契和缘分。我相信好的父母和导师相互成就，信任是投入时间成本最低的交往方式。

Part Four：别忘了答应自己要做的事情，别忘了答应自己要去的地方

摘不到的星星，总是最闪亮的。

溜掉的小鱼，总是最美丽的。

错过的电影，总是最好看的。

失去的情人，总是最懂我的。

我始终不明白，这究竟是什么道理。

——几米《摘星星》

后记　亲爱的沛恩

不管最后去往何方，让你找到心之所向的快乐是我想给你的承诺。我期盼你有一天理直气壮地为了快乐浪费时光。学生的成功得益于学校、社区、老师、家长和学生个人的共同努力。若没有学校给予学生充分的自由以及对学生享有这份自由的鼓励，学生也不会把自己当成主人；若没有社区的配合和支持，恐怕学生不会在老师的精心安排下做义工和展示自己的领导才能；若没有那些敬业且乐业的教师，更不会有学生如此渴望知识、勇于创意和思考；若没有那些渴望子女成龙成凤、笃信教育能够改变命运的家长一直以来的热情参与，恐怕学生们也不会有如此大的驱动力，家校合作的开展也不会如此顺利。我在和你的合作中享受认识自己的乐趣，从你那里得到进一步深入思考和研究问题的启迪；而你在用自己的棱角去和我碰撞的过程中成长，这是你未来生活的基础。许许多多的收获发生在不经意之间，我们在合作中学会合作。

这本书其实是一个关于你和妈妈的爱与成长的故事，我是你们路途直至终点的见证者。

孙小秾

*孙小秾：美国常春藤教育创始人，国际教育规划专家。

未雨绸缪，长期规划
润物无声，水到渠成

　　眼前是一个餐饮专用的双门冰柜，我用力打开门。嚯！奇怪的景象扑面而来：里面的食品（也有非食品）杂乱无章，喝了一半的果汁、牛奶若干，一看就是共用冰柜。冰柜旁边有一扇门，推开它就进入了巷子。抬头向上看，可以看到这栋三层小楼的整个侧面，其中位于二楼的一扇窗户属于加州伯克利的大一学生，我的儿子P。

　　这是我到伯克利的第二天，是P到这里读书的第127天。我正在兄弟会的宿舍楼里，确切地说，是在兄弟会的厨房里。今晚，我们要做一顿中餐，招待三十几个"兄弟"。

　　我的思绪穿越到名都园的厨房，为那个上幼儿园的小孩子做饭，他也许在踢球，也许在游泳，我知道他饿了，快回家了。

　　我的思绪又穿越到西苑一百号的厨房，为那个上北大附小的男生做饭。他的棒球训练快结束了，需要一顿营养晚餐。

　　我的思绪接着穿越到畅春园的厨房，为那个上101中学的大男生做饭。我通常不知道他几点回家，他的各种"活动"很多。但是我很安心，知道他一回来就会掀锅掀盆地问："今晚吃什么？"

　　这些年，我变着花样儿，换做法、换原料……终于有一天，P说：

"妈，咱做点儿正常的行么？"想到这儿，我乐了，今晚给"兄弟们"做的，都是正常的！

老话说，饭得一口一口吃。孩子是一天天养大的，多少父母的爱，就在每一餐的饭里。

此时我在想，他来到伯克利以后我为什么那么安心？从我们的故事里，你一定可以得出结论：因为 P 准备得足够好。当他独自去面对这个世界的时候，他和我都准备好了。我深信，我的安心一定会传递给他，让他可以非常轻松地去追梦。

父母们，我们不要急，不要赶，要沉住气陪着孩子慢慢长大。

孩子是父母的书

回顾 P 成长的这 18 年，我常常感慨，对家长来说，孩子是这样一本书：时候没到就翻不开。P 这本书必须在他每一个新的阶段才展开新的一章，你不能提前翻阅后面的内容，无法预知下一步是什么。做父母的必须随着孩子的逐渐长大，一章一章地，去解开里面的谜题，去欣赏其中的剧情。故事曲折，充满了悬念，给你惊喜，给你沮丧，经常让你手足无措。父母也要参与精彩的演出。我很同意一个说法：做父母的，应该盛装出席孩子的童年。

在最初的那些章节里，我们参与得很多，常常起着引领和主导的作用。这个阶段主要是孩子各种良好习惯的养成，求知的习惯、运动的习惯、基本的生活习惯等，都要在这个阶段固定下来。

慢慢地孩子长大了，我们的关注点从生活起居方面转移到孩子的精神世界，今后要想跟孩子真正"同呼吸"，这个阶段就非常重要。这时候，我们应特别注意"把孩子当成别人"，客观公正地审视他，给他足够独立的自由空间，让他可以发展自由的意志；有意识地断掉一些"给养"，让他学习自己"觅食"；用心建设良好的亲子相处模式。

孩子成年前后，我们要鼓励他燃烧青春、飞扬激情，去真情地追求自己的热爱！为了彻底地让他成为自己生活的主旋律，我们务必降低自己的好奇心，慢慢淡出，务必学会在人群中观看、在台下欣赏。

捧着这本"书"，我们要做的，就是细细地读，边读边学习，做到和孩子一起成长。孩子的到来，的确为父母提供了再次成长的机会，而且我们必须学习。这就像飞机上氧气面罩的使用提示：请成年人戴好氧气面罩以后，再去帮助儿童。谁也不是天生就会当父母，通过各种渠道和方式去学习吧，去跟有同龄孩子的家长交流吧！

天赋和极限

家长要引导，让孩子的天赋浮出水面。所有的尝试和设计都是伏笔，让孩子展示自然的自己，家长做一个细心的旁观者，做一个好的摄影师，做一个安静的倾听者。最终，你会发现孩子的天赋，同时也会了解孩子的极限。时时提醒自己要顺水而不是逆流，尽最大努力确保孩子每个阶段的参与都可以获得快乐的体验，就像全情投入一场比赛：无论我们如何努力，都不能保证获胜，而积极争取的态度，是每个选手都可以保证的。我们帮助孩子从一条潺潺的小溪，奔流成为汹涌的大河，一切都顺势而为，于是一切都将水到渠成。

我们送孩子去上课，自是不能旁听；但我们送孩子去运动，却绝对可以旁观！希望每位家长都能深度参与孩子的课外活动。不管他是弹琴还是画画，踢球还是摔跤，咱们别走开，好好观察，做一个好的参与者，和孩子分享每一次失败与成功，不放过每一次"随风潜入夜"的机会。成功也好，失利也罢，只要我们在，我们就要努力确保孩子的体验是快乐的！

当然，每一个孩子都在某个方面存在极限。知子莫如父母。小心地观察孩子，安然地接受他不如别人的现实。也许在那个方面，他已经做到极限了。请小心让"皮筋"保持弹性吧，让孩子的成长总是充满正面的体验和积极的感受，毕竟，鞋子是穿在自己脚上的。

选择的能力

选择是一种能力。家长可以给孩子制造选项，让他锻炼做选择、做决定的能力。先从小事情开始、从代价低的事情开始，慢慢让孩子为自己做主。要敢于放手，要有一点点儿冒险精神。

选择也是一种权利。现实当中，只有具备了足够的资格，才轮到你去选。手里握着几份录取通知，纠结着到底去哪里报到的感觉还是蛮诱人的。你的能力就是资本，可以选择的人生，路总是宽的，不要让自己走到山穷水尽。所有的准备、所有的努力以及所有的付出，都是为了获得选择的权利。

希望所有的孩子都有能力倾听自己，都有"能力"和"权利"做出选择。

行万里路，阅人无数

你之所以成为今天的你，一定跟你经历的事情有关。在角色扮演类游戏里，有一个概念叫EXP，全称是Experience。在人生中，你就在扮演你自己。唯一升级的方法，就是不断地积累EXP。今天有很多学生，

侃侃儿谈

只有少得可怜的经历。读万卷书，行万里路。利用周末走出去，去经历身边的人和事，接"地气儿"；利用暑假寒假走出去，去深度体验国外的课程和人文。

行万里路其实就是游学。建筑大师贝聿铭说他一生最好的老师就是游学。我们可以让孩子在旅途中、在游历的过程里，摒弃常规的生活模式，用双脚去丈量未知的领域，用双眼去观察陌生的世界。

P 正是通过一次次的游学，一步步地进阶。从牛津的语言课程，他小试牛刀，乐在其中；到斯坦福的学术课程，他总结出了"激情"和"自由"两个关键词；再到宾大的学分课程，他深刻体会了什么是真正的好大学。每一次，他都掀开了大千世界的一角，怀揣的梦想越来越大，目标越来越清晰。

马达发动起来以后，年轻的心已远走高飞，脚下的步伐一步紧似一步，真正是：仰望星空，脚踏实地。我们一定要把出去学习、实践放在孩子的长期规划里，为他们安排好每一个假期。

请放开孩子的手脚，让他们走出去，走得远远的！

社交 Touch people

我在参加工作以后，就发现自己在社交方面存在缺陷。由于在学校当学生的那些年里，接触的人有限，就使自己在进入社会以后，特别是创业以后，遇到一些"无法打交道"的人，这就让我体会到社交能力的重要。

P 是一个生来就爱笑的小孩，老北京话叫"喜性"。在喜性的表象下，P 还有一颗非常善良的心。他爱家人、爱朋友；他有同情心，乐意帮助弱者；他愿意交朋友。于是我们就顺势而为，为他创造了各种机会。

很多事情，离了人，是做不成的。

分享是件幸福的事

说起来，我真的要向 P 学习。他把分享做到了一个高度，影响了那么多人，我自愧不如。

从小时候的一本书、一个玩具，到从棒球队传承的"老带新"，再到组建冰球社团、开设冰球选修课，直到创办"侃侃 Sports"，他因分享而快乐着！

每个孩子都应该是社会人，都要接上"地气儿"！独乐乐不如众乐乐，分享也不是简单地让出去。

问问孩子，也问问自己：你幸福吗？

通道就是解决之道

打球的这些年，P 不知传过多少次球。一次次地寻找通道，一次次地传球。一个好球手，是擅于把握每个一闪即逝的传球机会的；一个好球手，是为整支球队打球的；一个好球手，是寸土必争，一步一步将比赛推向胜利的。

传球通道就是问题的解决之道，而解决问题的思路是相通的。冰球社团没有装备的时候怎么办？同学们训练没有场地怎么办？"侃侃"推广遭遇困难的时候怎么办？就是那句话：好球员拿什么杆都能进球！

Play Smart，聪明地玩！

侃侃儿谈

长期规划并执行，塑造个人魅力

对十几岁的青年来说，他的个人魅力常常是通过课堂之外的活动体现出来的。我围绕P规划的课外活动，线索是随着他的成长逐渐清晰起来的。对于何时留学、读传统高中还是国际高中、如何在有限的课余时间里集中"火力"参加有特色的课外活动，我经历过困惑迷茫。在经历了一个个有意义的暑期游学以后，当他立志去美国读本科时，我们也清晰了各个阶段的努力方向。为了这个目标，我通过各种方式不断学习，把自己的智慧和对P的爱，分配到每一天，和P在一起或不在一起的每一分钟。

在美国大学的录取过程中，越是高质量的学校，在录取中课外活动的比重越大。也就是说，高质量的大学更看中学生的综合素质，他们在努力寻找在各个领域具备潜质的、人格完整的人才。当然，先决条件还是学术成绩，由课内成绩、标准化考试成绩、获得的奖项和推荐信等因素组成。中国学生的课内成绩基本都能拿到A，所以这一项的区分度不大。获得各种奖项的也大有人在，除了国际级和有质量的国家级奖项之外，市级、区级、校级的奖项含金量都不是很高，设立时间不长的各种名目的奖项就更没有说服力了。因此，标准化考试的成绩，成为了判断学生学术能力的主要指标。近几年，在各路培训机构的帮助下，孩子们的托福、SAT成绩一路飙升，分数贬值的速度比物价上涨还快。因此，美国大学面对几何增长的申请人数和水涨船高的分数，纷纷提高录取要求。这就像山东的孩子要比北京的孩子高出几十分才能考入北大一样，中国的孩子们不得不花费大量精力准备标准化考试，否则申请材料在初审阶段就可能被筛掉。所以，不管是学生还是家长，对分数都无比重

未雨绸缪，长期规划　润物无声，水到渠成

视，以致忽略了课外活动的重要性，或者说，是没有精力和时间做课外活动。

然而，分数只是进入初选的必要条件，凭分数获得了"入场券"之后，你就正式进入招生官的视野了，这时候，就该"讲故事"了，讲你的成长故事，展示你的个性特质，用你的魅力吸引招生官。越是顶尖的大学，就越重视学生的个人特质，课外活动的重要性也就越大。如果分数是进入第一道门的入场券，那课外活动就是软实力，就像跳水比赛，如果标准化考试成绩是规定动作，课外活动展示就是自选动作。

为什么课外活动在美国本科申请中如此重要？很简单，大学寻找的是潜力股，他们要从学生的成长经历中预判他未来的发展趋势，从学生已经做出的成就中判断他的潜质，从学生的兴趣爱好中分析他是什么样的人。

首先，需要透彻地理解课外活动的概念。在讨论课外活动规划的时候，最常听到的词汇是：义工、模联、学生会，也有机器人、奥数等奖项，还有乐器、舞蹈和体育项目。有时候我觉着，家长们在寻找能"安装"在自己孩子身上的项目。当然，这些项目都可以，但是项目的选择绝没有那么教条。其实课外活动的范畴极其宽泛：一切在课堂以外进行的活动都可以叫课外活动。所以这是一个极开放的命题，它给有创意的学生以极大的发挥空间。

我细细地审视 P 的天赋和极限，客观评估他已经显露的才能。从初一开始，善加利用每一个周末、每一个假期。在这期间，有大胆的尝试，也有果断的放弃；在项目设计上，注意了对强势项目的弥补和多样化活动形成的极大反差。冰球和棒球是 P 的特长，但是如果只做到这一步就没那么多戏唱了，"情节"远不止那么简单。运动特长就是他完成

侃侃几谈

"升级"的一个工具，让他更容易找到突破点而已。就以冰球为例，冰球是P的特长，但是我们并不仅仅简单地发展冰球上的才能，而是借由冰球，通过组社团、设立选修课、建冰场等，将分享体育精神的愿望一步步推向顶峰，让淳朴的愿望自然而然地开花结果，让每一支细流都汇聚到一起，汇成一条奔腾的大河。

课外活动的指向主要是以下方面：特殊的经历形成特殊的性格品质；影响力，是否给自己周围的人带来了好的变化；持久力，拥有一项让自己全心投入的长期爱好，展现执着和专注；执行力，想法付诸行动了吗？不论成败，均可圈可点。具体的形式多种多样，可以是带动了很多人的团队项目，也可以是独行侠式的个人修炼；可以在社会上、学校里，也可以仅仅在自己家里。这里要强调的是独特和真实。如果你的课外活动前无古人，那么恭喜你在独特这点上拿到分数了，独特的活动一定让招生官印象深刻。真实，要符合十几岁年轻人的特点和能力，要可信。

如果每个孩子终将长成一棵大树，那我们要让自己的孩子成为根系庞大的那一棵。要给这棵树足够的时间去发育它的根系，要有足够的时间"润物细无声"地灌溉。因此，课外活动的规划，应着眼在"及早"和"长期"这两点上。

课外活动的规划应以孩子的性格特点、兴趣爱好为基准线；课外活动的设计要确保孩子乐在其中，要点燃他们的激情；课外活动的策划还应结合家庭背景、家长的资源和平台，帮助孩子升级；课外活动的执行，应识别机会、抓住机遇。

在P的课外活动成型的过程中，我是一个观察者：在他年幼的时候，细心地洞察他与生俱来的天赋；我是大胆的支持者：投入大量时间在棒球、冰球这两项传统美式运动上,让他在不知不觉中了解西方文化;我是信息的收集者:三次暑期海外游学的安排,使P早早地立志,早早地进入轨道;我是机会的捕捉和提供者:生物组培、京剧《白蛇传》、老北京小吃班,我在适当的时候提供了资源和机会;最后,我成为名副其实的辅助者:P引吭高歌,我浅吟低唱,若有若无,满心欢喜。

水到渠成:让过程引导结果

如果你是一位运动员,你无法保证每一次比赛都获胜。然而,计分牌不能代表一切。我们可以保证一个拼搏的过程,我们在拼搏中愈战愈勇,获得与众不同的人生体验。

就让过程去引导结果吧!孩子们经历了以后一定会获得成长,拼搏了以后一定会斩获快乐!那时候,分数不重要,学校排名不重要,一切都将自然而然、顺理成章。

教育的本质意味着:一棵树摇动另一棵树,一朵云推动另一朵云,一个灵魂唤醒另一个灵魂。

——雅斯贝尔斯《什么是教育》

与所有用心爱孩子,并努力把这份爱化做行动的父母共勉。